セカンドID《アイディ》

「本当の自分」に出会う、
これからの時代の生き方

小橋賢児
Kenji Kohashi

きずな出版

Prologue —

「セカンドＩＤ」が、人生の可能性を広げてくれる

いまから約10年前、マイアミで見た世界最大級のダンスミュージックフェスティバル「ULTRA MUSIC FESTIVAL」の光景は、いまでも昨日のことのように鮮明に覚えている。

青空の下、巨大なＬＥＤのスクリーン、最先端のダンスミュージックという共通言語を通じて、世界中の人々がエネルギーを交換しあっていた。

我を忘れて踊り続ける人、夢にまで見た景色を目の前にして泣いている人、

Prologue

それらの素晴らしい光景を見ては歓喜している人……。まさに僕自身がそのひとりだった。

それから5年後、ひとりの観客だった僕が、日本では不可能といわれた、このダンスミュージックフェスティバル「ULTRA JAPAN（※1）」のクリエイティブ・ディレクターとして、舞台袖に立っていた。

いまや毎年10万人以上の人たちが、そのステージに熱狂してくれている。我を忘れて大観衆が音楽を通じてひとつになる。

そんな光景を見るたび、イベントという非日常空間は、いつもの自分の殻を脱いだ「本当の自分」をさらけ出せる場として存在していることに気づく。

8歳のとき、1枚の勘違いのハガキがきっかけで俳優になり、27歳のとき、突如休業して世界をまわる旅人へ。

※1
ウルトラジャパン。マイアミが発祥の世界最大規模のダンスミュージックフェスティバルの日本版。会場はお台場で、一度に10万人以上を動員する。

30歳手前で職を失い、恋人にも逃げられ、病気になり、すべてを失った僕は、死の淵をさまよって人生のどん底を経験した。

そこからたった3年で映画監督になり、「ULTRA JAPAN」のクリエイティブ・ディレクターにもなった。そして、いまは「STAR ISLAND（※2）」という未来型花火エンターテインメントや、キッズパーク「PuChu!（※3）」などをプロデュースしたりもしている。

このように、僕はこれまでの人生でさまざまなアイデンティティに出会ってきた。しかし、それらのどのアイデンティティも、僕自身が目指していたものでも、強く願っていた夢でもない。**その場で感じたこと、そのときにできることを一つひとつやった結果、気づくとできた未来だった。**

※2
スターアイランド。花火、3Dサウンド、最先端テクノロジー、パフォーマンスが融合した、未来型花火エンターテインメント。

Prologue

幼い頃、世界はまだアナログで、いまの時代のように情報がどこでも誰でも手に入るわけではなかった。雑誌や新聞、マンガやテレビ、そしてリアルな場がエンターテインメントのすべてだった。

そこから、時代はデジタル化に向かって加速していき、ちょうど僕が思春期を迎える頃になると、ポケベルや携帯電話というアイテムが登場した。

そんなものをひとつずつ手にするたびに、自分のワクワクする情報を捉え、掴むことに熱狂したものだった。

現代はというと、便利になった一方で、本当の「夢」や「目標」がつくりにくいのではないかとも思っている。

情報化が進み、いつ、どこにいても世界中の情報にアクセスできる反面、情報ばかりが先行し、実際に体験せずともやった気になってしまう。

〝夢にできそうなこと〟がそこら中にあふれ、目移りし、僕らをまどわす。

※3
プチュウ。横浜駅直通アソビル4Fに2019年5月にオープンした完全予約制のキッズパーク。

先人たちがつくった「夢の結果」をいつでもどこでも見られてしまうおかげで、たしかに目標や指標はつくりやすい。ただ逆に、見えないことへのチャレンジや、先行きのわからない方向へ向かうことが難しい時代ではないかと僕は思う。


僕は夢も目標も何ももっていなかった。もてる余裕すらなかった。

しかし「自分は○○になりたい」と夢を掲げ、それだけを目指していたら、いまの自分にはなれていなかったのではないか、と思っている。


僕はたまに山登りをする。

高い山を登るとき、山の頂上を見上げて考えるのは、「頂上に登ったときの景色の心地よさ」だ。

決して「登ったことを誰かに自慢する」わけではなく、「誰かを見下ろす」

Prologue

ためでもなく、ただ頂上からの景色と自分の心地よさにひたった妄想だけ。

そして、最初に想像だけしたら、山登りをしているあいだはできるだけ頂上を見ないようにする。頂上を見てしまうと「まだか……」と、自分との距離の差に心が打ち砕かれてしまうし、疲れてしまうからだ。

一歩一歩、足元を見ながら「いまこの瞬間」にフォーカスし続けると、気づいたら、クライマーズハイというか、我を忘れるゾーンの状態に入ることがある。

そこでは、先ほどまで怖かった崖が、まるで自分の身体の一部かのように感じ取れて、すいすいと登れてしまう。

そして、気づくと山の頂上に着いていたり、あるいはその先に隠れていたもっと素晴らしい景色に出会うことがあるんだ。

もしかして人生って、この山登りみたいな感じなのではないだろうか。

どんな小さな山でもいい。

最初にその山の頂上に立ったときのことを想像して、ワクワク感だけに集中し、あとはそこに縛られることなく、一歩一歩確かに進む。

途中、打ち砕かれそうなことや困難な目にあっても、**最初のワクワクした気持ちに立ち返る。**すると、見えなかった景色が徐々にひろがり、思ってもみなかった場所へたどりついてしまうことだってある。

僕自身、最初から「日本一のフェスのディレクターになるぞ！」「映画監督になるぞ！」「社長になるぞ！」なんて、思っていたわけではない。

山登りと同じように、そのときに置かれた環境を受け入れ、自分のできる範囲で一歩一歩、大切にやったからこそ、未来が勝手にできあがっていった感じなんだ。

鍵っ子だった普通の少年が、ひょんなきっかけで俳優という華やかな世界に入ったが、30歳を目前にすべてを失い、夢も希望ももてなかった。そんな僕が10万人を集めるフェスのクリエイティブ・ディレクターになれたように、僕らの未来は、いまこの瞬間から網の目のように変わる可能性を秘めている。

最近はオンラインサロン、コワーキングなど、国家や大きな組織を超え、これまでにない新たな価値観をもった小さなコミュニティが、次々と立ち上がっている。

日常とは違うもうひとつのコミュニティに参加することで、職場や学校では出会うことのなかった人々に出会う。

そこで自分だけではできなかったことにチャレンジすると、いままで気づかなかった、あるいは忘れてしまっていた「もうひとりの自分のＩＤ＝アイデンティティ」に気づくことがある。
また、人生の転落や偶然の出会い、生きている中で起こるさまざまな想定外の出来事から、それまで知らなかった〝もうひとりの自分〟というアイデンティティに出会うこともある。

その、もうひとつのアイデンティティのことを、僕は「セカンドＩＤ」と呼んでいる。

僕らはまだまだ人生という名の旅の途中。
この多様化した世界で、もうひとつの自分のアイデンティティ、つまり「セカンドＩＤ」をもつことが、人生の旅をさらに楽しくしてくれる秘訣なんじゃないかと思う。

Prologue

この本は、自己啓発本でも、ビジネス本でもない。
僕がいままで出会ってきたリアルな事実と、ちょっとした不思議な出来事をみなさんと共有して、自分にも起こり得る可能性として重ねてもらえたら、それだけで本望。

それらにつながる話をするために、ちょっとだけ僕の過去の物語におつきあいいただければと思う。
そして、この本があなたの「セカンドＩＤ」をつくるきっかけづくりに役立てば、これ以上うれしいことはない。

小橋賢児

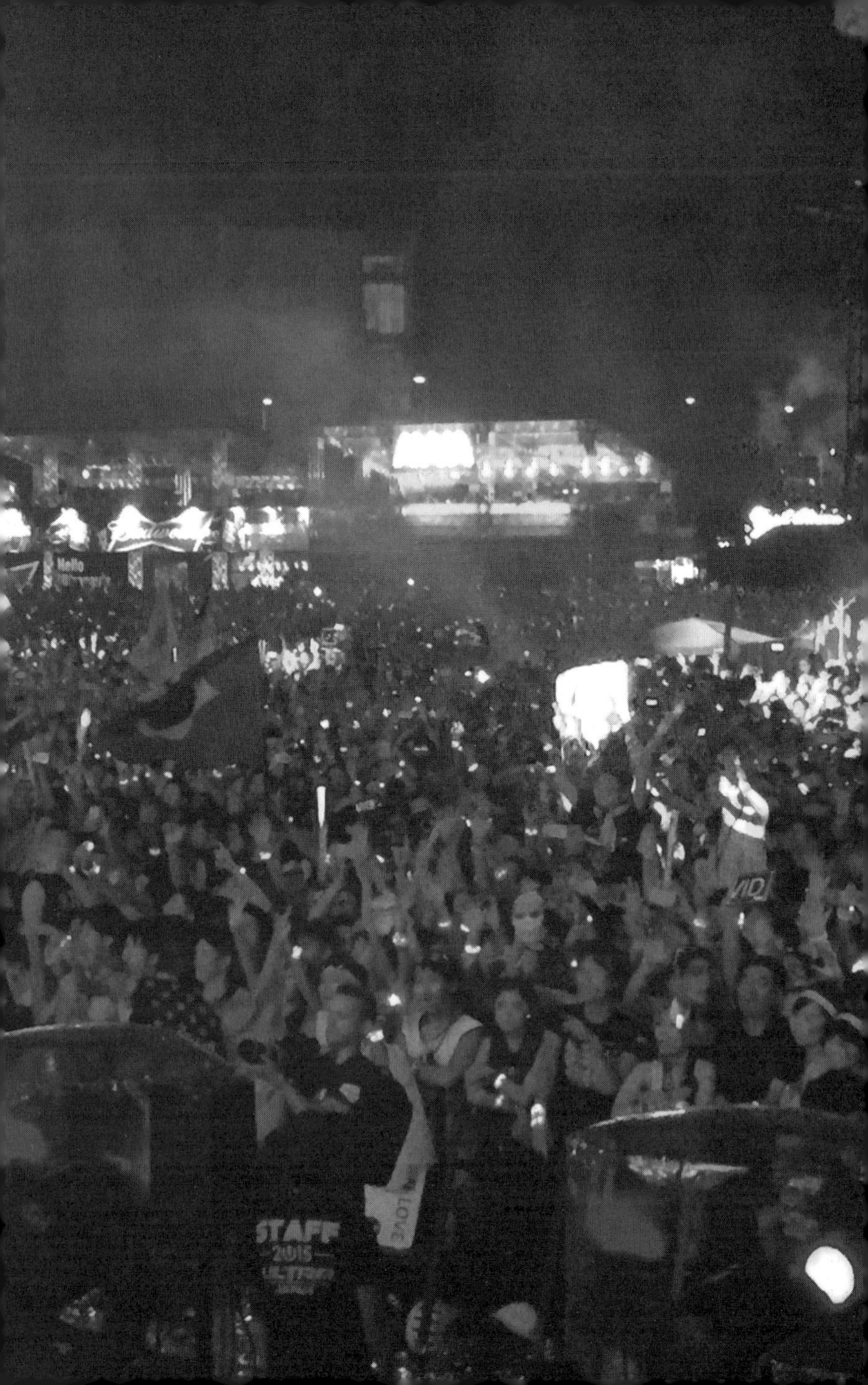
STAFF
2015

セカンドID

「本当の自分」に出会う、これからの時代の生き方

Contents

Chapter 1
セカンドIDは、僕たちの経験の中に

Contents

SEC

Chapter 2

ゼロになることを恐れない

Chapter 3

本当の自分を解放しよう

Contents

SEC

Chapter 4

人生は「想定外」に出会うことで広がっていく

Chapter 5

セカンドIDをもって、本当の自分とつながる

セカンドＩＤ

——「本当の自分」に出会う、これからの時代の生き方

OND

セカンドIDは、
僕たちの
経験の中に

SEC

Chapter 1

すべては勘違いから

芸能界に入ることになったきっかけは、たった1枚の「勘違いのハガキ」からだった。

僕は子どもの頃、畳の床が抜けネズミがいつもはっているような、その時代ではめずらしい戦時中から残っているボロ家で育った。

両親は共働きで、ずっと鍵っ子だったが、その生活に不満をもったことなど一度もなかった。

8歳のとき、ウッチャンナンチャンさんや高田純次さんが司会を務める「パオパオチャンネル（※4）」という子ども番組が、平日の夕方に放送されてい

※4
テレビ朝日ほかで放送されていたバラエティ番組。1987年10月19日から1989年9月29日まで放送。

て、その番組が好きで毎日観ていた。

ある日「新レギュラー募集中」というテロップが番組の冒頭で流れたのだが、子どもだった僕は、「レギュラー」という言葉の意味がわからず、勝手に「観覧希望のお知らせ」だと勘違いしてしまった。

好きな番組だったので、「この番組を生で観られるチャンス」と思い、テレビの前に座ってメモを取ろうとしたけど、早くて間に合わず……。それならばと、すぐにVHSを用意。番組の最後に再度テロップが流れたので「よし！」と思って、録画のボタンを押し、無事、応募方法をゲットすることができた。

その後、家にあったハガキを勝手に使い、テロップに書いてあった必要事項を書き、ポストに投函した。

すると、それから約1週間後「オーディションのお知らせ」と書かれた1枚のハガキが送られてきた。

母親から「あんたになんか届いているよ？　何かしたの？」と言われても、

またもや「オーディション」という言葉の意味がわからなかった僕は、何のことだかさっぱり。母親に確認してみると、どうやら合格したらそのテレビに出られるということがわかった。

「本当は番組を観に行きたかったのだけど、番組に出られるんだったらもっといいじゃん……！」

子ども心に素直にそう思い、後先なんて考えずオーディションを受けることを決めたんだ。

いまある環境をあるがままに楽しむ

オーディションが何なのか、よくわからなかったけれど「最初のオーディションだけ連れていってくれたら、あとはひとりで行くから！」と母親にお願いし、一緒にオーディション会場へ行く約束を取りつけた。

幼い頃から決して裕福とはいえない家庭環境だったし、「芸能界は水商売」という古風な考えをもった両親だったので、もちろん芸能界入り自体は反対だった。それでも連れていってくれたのは、まさかオーディションに合格するとは思っていなかったからだったようだ。

オーディション会場は、数百人という子どもで埋め尽くされていた。なかには、すでに事務所に所属している俳優のたまごのような子もたくさんいて、控え室では慣れた様子で自己紹介の練習をしていた。

そんな彼らを横目に「とにかく面白いことを言えばいいだろう」と、なぜか勝手に思い込んでいた。

そして、いよいよ自分の番がまわってきた。

「『顔から■が出るほど恥ずかしい』――この■の中に言葉を入れなさい」

こんな問題が出されたのだが、そこで「顔からウンコが出る！」と、小学2年生ならではの渾身のギャグで面接官たちを失笑させ、その場を立ち去った。

この無謀な感じが功を奏したのか、オーディションに来ていた総数1500人以上の中から、最終16人に選ばれてしまった。

そして「このあとは、16人全員のプロモーションムービーを撮影し、視聴者の投票によって7人に絞られる」ということを、そのとき知らされた。

「7人に絞られるってどういうこと？」と母親に聞くと、「お客さんからたくさんハガキが届いた人が、合格するんだよ」と話してくれた。

それを聞いて「なるほど、ハガキがいっぱいきたら受かるのか！」と思った僕は、家や近所でかき集めた空き瓶を酒屋にもっていった。

というのも、当時は酒屋に空き瓶をもっていくと、ひとつ5円から10円で引きとってもらうことができたからだ。それで交換したお金で、なんとか20枚程のハガキを手に入れたんだ。


そして、勝手に友達の名前を借りて自分へ投票するという策に出た。


といっても、小2レベルで友達の数なんてたかがしれている。

早々と友達の名前を使いきってしまったあとは、ついに「織田信長」「豊臣秀吉」という歴史上の人物の名前を書きはじめ、それらを差出人として自分へ投票した。

いま思えば、何枚も同じ消印の、同じような子どもの字体のハガキなんて、明らかに自分で投票しているとバレバレだったと思う。でも、そんなことまで頭がまわらない小2の無邪気な子どもは、まさに真剣そのものだった。

投票の期間になると、毎日ディレクターに「僕、受かりましたか?」「いま、どんな感じですか?」としつこく電話をかけまくった。ディレクターも最後のほうは呆れていたはずだ。

そして「合格したよ!」と連絡をもらったときは本当にうれしかった。

それと同時に「**小橋くん、自分で20枚投票したみたいだけど、そんなレベルじゃないくらい、君へのハガキは集まっていたから大丈夫だよ**」と笑って言われたことで、初めて自分のしたことをちょっとだけ恥ずかしく思った。

いままで家で観ていたテレビの世界に自分が出演するという感覚は、意外にもそれほど「すごい！」という感じではなかった。

ただ単に番組に参加できて楽しかったし、わずかだけどお小遣いをもらえるってことがうれしい、くらいの感覚だった。

でも、初めてもらったギャラで家族をステーキ屋さんに連れていってあげたときは、幼いながらも「親孝行ができてうれしい！」と素直に思えたことを、いまでもはっきりと覚えている。

そして、なによりも「学校以外に、自分の居場所がもうひとつある」ということが、刺激的だった。

週に一度、学校が終わると、ひとりでバスに乗り、電車へ乗り換え、テレビ局へ向かう。

移動中は、いかにも疲れ切ったサラリーマン、ガン黒でイケイケなギャル女子高生、これでもかってくらい髪の毛を巻き上げたバンドのおっかけ風な人など、学校とは違う多様な人間模様が垣間見られた。とにかく刺激的で、飽きることがなかった。

現場では司会の高田純次さんをはじめ、番組を制作するスタッフさんの仕事など、日常とは違う新しい世界を知ることができた。**きっとそのとき幼いながらに見たリアルな光景が、いまの自分をつくっていく要素にもなっているんだと思う。**

学校とテレビ局という別々の環境を行き来することが当たり前になっても、仕事も学校もない日はひとりで河原へ行き、草野球をしている知らないおじさんたちに話しかけ、一緒にまぜてもらうなんてこともしょっちゅうだった。

こんなふうに後先も考えず行動できた理由は、無知な子どもだったことと、共働きだった両親に何かを確認する間もなく「行動するしかなかった」ということが影響していると思う。

とにかく貧乏だったけれど、その生活を恨んだことなんて一度もなかった。

当時は、いまみたいにインターネットですべての世界が見えるわけでもなく、他の何かと比べる術がなかった。だからこそ、いまある環境をあるがままに楽しむ、ただそれだけだったんだ。

もうひとつの「居場所」が自分をつくる

思春期になると、当たり前に恋もしたし、異性を意識してカッコいいジーンズやスニーカーを履きたいと思うようになった。

しかし、うちには好きなものを自由に買ってもらえるような余裕もなかったので、「あきらめる」か「自分で何とかする」という二択しかなかった。

そのとき、小学生がタスキをかけて新聞配達をしている、あるマンガをふと思い出した。

そして「そうだ、新聞配達なら僕もできるかもしれないぞ！」と思い、小さな希望とワクワク感をもって、分厚く黄色い情報誌のタウンページをめくり、近所の新聞屋さんに電話をしまくった。

いま考えれば、14歳という年齢を聞いてバイトをさせてくれるところなんてあるはずもないとわかるけれど、そのときはそんなことは関係なかった。

たとえ門前払いをくらっても「これは難易度の高いゲームだ！」くらいの感覚で、電話をかけることをやめなかった。

そして、最後の新聞屋さんに電話をしたところ、「ちょうど辞める人がいるから、明日から早速来てほしい」と言ってくれ、アルバイトにこぎつけることができたんだ。

そうやって、**自分がやりたいことに向かって一生懸命行動すれば、かならずそれは手に入るということを、小さい頃から無意識におこなっていた**のかもしれない。


ちなみに、僕が通っていた中学校は地元でも有名な、俗にいう〝荒れた〟中学校だった。

『ビー・バップ・ハイスクール（※5）』みたいな日常だったので、僕もそれなりにグレたりした。そんな奴がまじめに新聞配達なんてしている姿を、学校の友達には恥ずかしくて見せられなかった。

だから誰にも会わないように深夜2時に新聞屋さんに向かい、部活に向かう人が登校する前の6時には配達を終えて自宅に戻り、そこから急いで部活に行く――というハードな生活を1年以上も続けた。

※5
きうちかずひろによるツッパリ高校生を題材にしたマンガ。1983年から2003年まで『週刊ヤングマガジン』（講談社）で連載。

また当時、原宿には「テント村」という、屋台のような簡易的に設置された店がたくさん並んでいて、非合法のアイドルグッズや偽物のブランド品などがたくさん売られていた。

僕はそこの入り口にあったアクセサリー屋さんのバイト募集の看板を見て、1個4円で袋詰めをする内職の仕事もやった。

さらに、駅前には「10枚1000円~10枚1000円~」と、大量の偽造テレカを売っている怪しい外国人がいたり、12歳からアメリカへ古着やスニーカーをひとりで買い付けに行ってしまうほど超スニーカーマニアのお兄さんが、レアもののスニーカーの話をしてくれたり、はたまた超バブルな医者のおじさんたちの合コンにまぜてもらったこともあった。

いま思えば、その体験すべてが、ヘタなドラマよりもヘンテコで面白く、いろいろな角度から刺激を受けていた。

当時はちょうどバブルもはじけ、アナログからデジタルへ、ポケベルから携帯へ、ＤＣブランドからストリートファッションへ、ヤンキーからチーマーへと、いろんなものが目まぐるしく転換していくような時代。

そんな時代の過渡期の真っただ中で、とにかく新しい体験をしたいという思いで不良グループとつるんだりしたこともあった。

でも、彼らと悪いことをしたかったわけではなく、彼らのファッションや音楽などに対する感度の高さに、ただただ刺激をもらいたかったんだ。

そうやって、自分がいる場所以外の環境に行き、新しい刺激を受けては変化していく感覚は、僕にとって日常生活の一部だったし、それこそが「**セカンド**

ＩＤ」の原点だったように思う。

最初で最後の大きな夢

小学生の頃の夢は、宇宙飛行士だった。

「宇宙飛行士になりたい。だけど、人がつくったロケットには乗りたくない。だから、自分でロケットをつくって、それで宇宙へ行くんだ」

子どもの頃からあまのじゃくだった僕は「人のつくったロケットなんて乗りたくない！」と思い、学校帰りに近くの工場に寄り道して、落ちていたネジやボルトを拾って集め、本気で自分でロケットをつくろうとしていた。

いま考えると、僕が「大きな夢」を掲げたのは、これが最初で最後だったような気がする。

もちろん「野球選手になりたい」とか、男の子なら誰もが一度は口にするようなことを言っていた時期もあったけれど、あそこまで大きな夢を口にしていたのは、後にも先にもこれだけだったと思う。

その数年後、はたから見れば夢のような「テレビ」という世界に出演することになったけれど、決して願っていた夢を追いかけてそうなったわけではなかった。

芸能事務所のようなところへ所属するも、1年間で100回以上もオーディションに落ちるという現実の中では、将来に何も期待することなどなかったんだ。

しかし、中学校3年生の夏に受けたオーディションに合格したことで、生活は一変することになる。

当時、社会現象にもなった「人間・失格～たとえばぼくが死んだら（※6）」というドラマに抜擢され、それを機に、1日に段ボール2箱分ものファンレターが届くような状態になった。

めまぐるしく変わっていく環境の中で、自分自身を客観的に見ることも、将来のことを考える余裕すらなかった。

テレビや雑誌のインタビューで「将来の夢は何ですか？」と聞かれても、いまを生き抜くのに必死で、夢なんか語ることすらできずにいた。というよりも、本当は夢の意味すらわかっていなかったんだ。

※6
1994年7月からTBS系の「金曜ドラマ」枠で放送された日本のテレビドラマ。脚本は野島伸司。

思いとは反対に、当時テレビのＣＭや雑誌の広告にはどこもかしこも「夢をもとう！」「夢をつかもう！」というワードであふれていた。

夢というもの自体にピンときていないまま青春時代を過ごしていた僕からしたら、そんな煌《きら》びやかな広告を見るたびに、居心地の悪さを覚えていた。

はたから見れば、芸能人になって、成功して、夢を叶えたように見えていたかもしれない。

しかし、決してなりたい自分の姿になっていたわけではないし、まわりを見渡せばすごい人ばかりで、むしろ、いつも心のどこかで不安と自信のなさが混在していたんだ。

ただ、目の前のことに夢中になる

「勉強して、いい学校だけは出ておきなさい」

芸能界に染まっていく僕を見かねて、教師をしていた母親はいつもこう言っていた。「いい学校さえ出ていれば、どんなことがあっても安心だから」と。

しかし、あいかわらずあまのじゃくな僕は、その言葉にいつも違和感を抱いていた。

なぜなら僕のまわりには、たとえ学校を出ていなくても、面白い人たちがたくさんいたからだ。彼らはすごく物知りだったり、努力家だったりすることを知っていたので、学歴がすべてとは思わなかった。

そして彼らは「これからこんなものが流行る」というアンテナを常に張っていて、その予想はことごとく的中していた。

彼らのそんな話を聞くことが大好きだったし、彼らの発想やアイデアに刺激を受け、尊敬していた。

だからこそ、母親から「いい学校に行きなさい」と言われるたびに、逆に「将来の安心のために、いまを選択したくない!」と反発してしまっていた。

もちろん、そこへ導こうとしてくれた親には感謝しかない。

でも、いい学校を出るよりも、自分が興味のあるものを追いかけていくうちに、気づいたらそれが自分の目的になっていた、という感覚が、本来の夢の姿のような気がしたんだ。

実際に、30歳を目前にして死の淵をさまよい、再起を果たした後も「大きな夢をもとう」なんて到底、思えなかった。大きな夢を掲げてしまうと、その夢までの距離が遠すぎて、傷つくことを直感的にわかっていたから。

目の前にあることや出会いを一つひとつ紡いでいくしかできなかったし、いまだに「いまの夢は?」なんて聞かれてもピンとこない。

だからこそ、自分がいま置かれている場所の中で、楽しいと思うことだけをがむしゃらに追いかける、ただそれだけでいいと思うんだ。

捉え方によって、景色は変わる

「昔はよかった」

「若いんだから、何だってできるだろ」

「いまの日本はダメだ」

20代の頃、そんな言葉をよく聞いた記憶がある。

まだ俳優をしていた頃、飲み会の席などでそんなことをよく言われていたけれど、結局なんて返せばいいかわからなかった。

それから10年経ったいまも、同じように大人たちは世の中を嘆いている。

たしかに、政治の世界を見ても大人同士が揚げ足を取り合い、罵《ののし》り合っていたりする光景をよく目にするが、そんな世の中でどうやってリスクをもってチャレンジしようと思えるだろうか。

過去を見渡せば、昔できたことがいまはできず、世界を見渡せば、世界ではできるのに日本ではできないことが多い。そんな中で、どう希望を見出せるというのだろうか。

気づいたら、知らず知らずのうちに、相手に合わせてしまう自分。

空気を読みすぎて、逆に空気のような存在になってしまっている自分。

僕自身もそんな自分に苛立ちを抱えていた時期もあったけれど、楽しいことに出会うチャンスも日常に転がっていることを忘れてはいけないと思う。

つまり、自分がその環境をどう捉えるかが重要であり、捉え方次第でその先の景色が変わる可能性はいくらでもある。

日常生活の中では、何も考えず無意識にルーティンでおこなっているものが誰でもひとつやふたつくらいあると思うけれど、たまにはあえてまったく違う方向へ進んでみてほしい。

人生にワクワクが見つからないのは、自分の枠から出ていないから。

たとえば、苦手だと思っていた人と話をしてみたり、あまり話していなかった親父と盃を傾けるでもいい。

そうしていつもの枠から外れることで、いままで気づかなかったこと、見たことのない景色が見えてくることがある。

その瞬間は大した景色じゃないように思えるかもしれないけど、やがてその景色が「内からの気づき」につながる。

そして、その内からの気づきが、新しい思考や目的を生み、それこそが自分だけの「セカンドＩＤ」につながるんだ。

ゼロになることを恐れない

SEC

Chapter 2

「僕は○○だから」に縛られない

中学3年生のときに出演したドラマをきっかけに、世間に顔が知られるようになると、生活は一変し、それまでの環境にいることが難しくなっていった。

当時、視聴率30％超えの連ドラにメインのひとりとして出演したり、ゴールデンタイムのレギュラーや、自分が司会のラジオ番組を5本もかけもちするなど、とにかく365日休みもなく働き続けていた。

もちろん、俳優としての自分が嫌いだったわけではないし、不満だったわけでもない。

だけど、俳優という立場を言い訳に、これまでの人と会わなくなったり、自

分の直感で行動することが難しくなっていった。それによって、徐々に自分というものを失いはじめていったんだ。

「俳優だから、時間がなくても仕方がない」
「俳優だから、こういう人とつるんではいけない」
「俳優だから、こういう場所には行ってはいけない」
「俳優だから、俳優だから……」

それまでは子どものように後先を考えず、自分の直感で行動ができていたのに、気づくと、いまある立場を言い訳に自分の心に嘘をつく毎日。

そうやって、自分の心のＹＥＳ・ＮＯを無視し、麻痺させ、感情に一切耳をかさず、仕事が終われば同業者の人と人目につかない個室で飲み明かすというルーティンワークを繰り返すだけになっていった。

実際、自分の心を無視して生きるのはとても苦しい。

いっそのこと、その感情をオフにしてしまったほうが、むしろ楽になれると思いこみ、次第にロボットのような不感症の自分を形成しはじめていった。

その後、映画「スワロウテイル（※7）」や、ＮＨＫの「ちゅらさん（※8）」のヒロインの旦那役などという、いわゆるヒット作に次々に出演する機会に恵まれると、まわりからは「すごいね！　人気だね」と言われることが増えていった。

しかし〝本当の自分〟で生きていないのに「これの何がすごいんだろうか？」と、ほめられる意味がまったくわからなかった。

まわりから見ればうらやましい環境だったかもしれないけれど、僕の心はど

※7
1996年9月に公開された日本映画。監督は岩井俊二。主演は三上博史。配給収入6億円を超えるヒット映画。

んどん死んでいったんだ。

遅咲きの自分探しも悪くない

自分の直感を無視しながら生きる——。
いま思えば、そんな日々はまさに〝生きながらに死んでいる〟ようだった。

小さい頃から漠然と「男は30代から」なんて思っていた。そして、20代半ばを過ぎたとき、自分の30代を想像してみた。
すると「このままの立場にしがみついていれば、それなりの生活はできるかもしれない。けれど、自分の心に嘘をついてできた人生は、はたして本当の自

※8
2001年度前期に放送されたNHK「連続テレビ小説」シリーズのテレビドラマ。国民的人気ドラマとなった。

分なんだろうか？」と考えるようになっていた。

毎日そんなことを考えていると、俳優業を続けていくことに恐怖を感じるようになった。

そして、「このまま感情のない生き方は続かない。いまの生活を少しでも変えなくては……」と考えるようになり、いままでのルーティン化した日常から徐々に離れていった。

個室でコソコソと同業者ばかりでお酒を飲むことをやめ、プライベートでつき合う仲間を少しずつ変えていくことを意識した。

そして、いままでとは違う「場」に足を運び、会う人を変えていくと、映像クリエイターやＤＪ、デザイナーなど、いわゆる「クリエイター」という名がつく職業の人たちと出会うことが増えていった。

クリエイターといわれる人たちと話をすると、子どものようにいまを楽しみ、自分の感じるままに仕事をつくっていることに気づいた。

心が死にかけている僕から見たら、子どものようにキラキラしている彼らがとてもうらやましく思えたんだ。

また、彼らは芸能界自体に興味がない人が多く、俳優としての小橋賢児について深く知る人などいなかった。

だからこそ、僕は彼らといることにとても心地よさを感じていた。

彼らと過ごす時間が増えていくことで、僕の生活は徐々に変化していった。

いままでは、撮影が終われば個室の居酒屋で朝まで飲み、そこから次の現場へ移動。合間を見つけては寝る……そんな繰り返しの日々を送っていた。

でも彼らは、時間を見つけては自然の中に身を置き、自然の変化を楽しむという遊び方を教えてくれた。

そこには、特別なものは必要ない。

刻一刻と変化する自然の中で、自分の感覚にアンテナを張って過ごすというシンプルな遊びを、僕は彼らから教わったんだ。

あるとき、月明かりや町の灯りが一切入らない新月の沖縄の入江で、何台ものスピーカーを持ち寄り、好きな音楽を聴きながら語り合うという贅沢な時間を過ごす機会があった。

まるで写真を見ているかのような美しい天の川と、流れ星が降り注ぐ夜空を眺めながら、あるひとりのクリエイターが突然なにかを閃き、こう言った。

「いろいろな星と音楽が、直感的に連動してるようなゲームがあったら楽しいよね？」

そして、僕らはその架空のゲームの話で少年のように盛り上がったんだ。

その数か月後、その話をした彼に会ったとき、

「あのとき、沖縄で話したゲーム、本当につくったよ!」

と言って、実際にそのゲームを見せてくれた。

このゲームは、「ルミネス─音と光の電飾パズル─」といって、全世界での累計出荷本数が50万本を突破するゲームとなった。

こうやって自然の中で生まれたインスピレーションをもとに、それを仕事へと変える想像力と行動力を、彼は実体験をもって僕に教えてくれた。

子どもの頃は毎日が遊びと発見の繰り返しで、そこから可能性をどんどん広げていたはずなのに、大人になるにつれ、忙しさを理由に遊ぶことをやめてしまう人が多い気がする。

しかし、いくつになっても誰もが子どものような想像力を「創造」に変えていくことができると思うんだ。

そのためには、ときに自然の中に身を置き、そこで感じるインスピレーションを得ることが大事なんだと思う。

そして、自分という人間が何をしたいのか、何をしているときが楽しいのか、そんな当たり前の気持ちと、あらためて向き合いたいと誓った。

「人間力の違い」を見せつけられた日

26歳になり、俳優として少しマンネリ化していた頃、クリエイターといわれる彼らとの出会いを通じて、まだまだ知らない感覚や忘れていた自分の感情を知った。それと同時に、自分が何を求めているのかを、もっと知りたくなっていった。

そして、僕はネパールにひとり旅に行くことを決めた。

なぜネパールを選んだのかというと、そこに大きな理由はない。

あえて理由を言うのならば、「子どもの頃に見た『少年アシベ（※9）』というマンガに出てくるスガオ君という少年の故郷がネパールだったなあ……」くらいのイメージしかない、未知の世界だった。

しかし、そのときはあえて想像もつかない未知の世界に足を踏み入れることで、自分探しや心のリハビリをしたかったんだと思う。

飛行機が滑走路に差し掛かり、ものすごいエンジン音と共に飛び立つ瞬間、僕のボルテージも急上昇した。

※9
1988年から1994年まで『週刊ヤングジャンプ』（集英社）に連載。単行本全8巻。作者は森下裕美。

当時は「How much?」くらいしか話せない語学力だったけれど、とにかく日本を出て、知らない世界を知りたいという気持ちが先行していた。だから英語が話せないなんていう不安はこれっぽっちも考えていなかったんだ。

首都のカトマンズの街並みが見えてきたとき、思わず武者震いした。「人よりも神々が多く住む国」といわれるネパールで、一体どんなことが待ち受けているのか……。

標高が1300メートルもあるカトマンズへ降り立ち、そこから飛行機に乗り継ぎ「ポカラ」という場所にわたり、さらにそこから数日間のトレッキングがはじまった。

毎日眺める広大な大地、美しい夕日、まるでプラネタリウムのような満天の星に包まれていると、次第に、自分の中で眠っていた感覚が目を覚ましはじめた。

そして、壮大な大自然に身を置くと、あらためて自分がこの宇宙の中で「生かされている」ということに気づかされた。

この自然の中にいる動物や虫と同じように、自分は命をもっているんだという感覚を、ネパールの山々が教えてくれたんだ。

また、何より心を動かされたのは、ネパールの子どもたちの笑顔だった。

撮影用に回していたビデオカメラに興味津々で近づいてきた子どもたちの屈託のない笑顔と、キラキラした瞳は、どんなキレイな宝石よりも美しく、僕は心を奪われた。

大きな気づきをくれたネパールの旅

そんな中で、ひとりの青年に出会った。

奇遇にも、その青年は、当時の僕と同じ26歳だった。

お互い言葉は通じないけれど、ボディランゲージだけで何か伝わるものがあった。「家においでよ」と誘ってくれて、何のためらいもなくOKと即答した。

彼の家は3畳あるかないかの狭い家だったけれど、キレイな奥さんと、かわいい子どもが住んでいて、見知らぬ旅人を笑顔で迎えてくれた。

彼は「子どもを学校に行かせてやるお金がないんだ」とつぶやき、だから家族のために一生懸命働いているんだと話してくれた。

そのとき、テレビの向こう側のこととしてしか見たことがなかった途上国の現実を目の当たりにし、返す言葉が見つからなかった。

そして、精一杯の食事でもてなしてくれた後、「夕日が見える丘まで行こうよ」と、バイクを用意してくれた。

彼が運転するバイクの後ろにまたがり、僕は彼の背中を見つめていた。

同じ歳でありながら、家族を守るために「いま」を一生懸命生きている彼。一方で、自分の立場や環境にしがみつき「いま」というときをないがしろにしている中途半端な自分。

そのときはなぜ涙があふれたのか理由はわからなかったけれど、彼の背中で嗚咽するほど泣いた。いま思うと、きっと彼との人間力の差に、一種の劣等感を抱いたのかもしれない。

思いっきり泣いたっていい

大人になってから、演技をするとき以外で思い切り泣いたことなどなかったと思う。映画を観たり、本を読んだりして涙を流すことはあったけれど、勝手に心が動かされて泣いてしまうなんて、初めての体験だった。

人は大人になるにつれ、初めての体験が減っていく。

惰性で過ごす日常生活の中では、心を大きく動かされるものに出会うことはなかなかないかもしれない。

だからこそ、少しでも「場」を変えることで、これまで出会わなかった人と話したり、気づかなかった景色を見つけるんだ。

そうすることで、自分が忘れていた、そして閉ざされていた感情に出会い、そこから少し人生が動き出していくことがある。

ネパールで過ごした時間は、まさにそんな心のリハビリだった。

整備されていない公共設備や住宅事情など、決して住みやすいとは言い切れない街の中で、人々が幸せそうに笑顔で生活していることに感銘を受けたと同時に、日本がいかに恵まれた国かということに気づかされた。

そして、いままで悩んでいたことは、とても平和で恵まれた土台の上で起きていたことなんだと、そんな気づきが、壊れた心を徐々に回復へ導いてくれたんだ。

行動は誰にでもできる錬金術

10日間のネパールの旅から帰国した僕は、ほんの少しだけ「自分」を取り戻していた。

しかし、旅の余韻に浸る間もなく日常が襲ってきて、何事もなかったように仕事をこなしている自分もいた。
次第にすべてのことが嘘のように思えていったけれど、それを悟られまいと、無難に仕事をこなせてしまう自分に苛立ちさえ覚えた。

ネパールで、日本のことや自分自身のことをわかったような気持ちになっても、結局は何も変われていない……。

そんな情けない気持ちを神様に見抜かれてしまったかのように、俳優としての仕事は徐々にうまくいかなくなっていった。

自分の心が気づきはじめているのに、その場をうまく取り繕ってることが本当に苦しくて、逃げるように芸能界を休業する方向へと進んでいった。

そこには決断とか、そんな前向きなものなんてひとつもなく、ただただ逃げることしか考えられなかったんだ。

そして「もう少し英語が話せたら、あのネパールの青年ともっと理解しあえたかも……」などと思いを巡らせているうちに、日本を離れる気持ちが芽生えていった。

そう思ってからは、あっという間だった。誰に相談することもなく携帯電話を解約し、まるで出家でもするかのように頭を坊主にして、単身アメリカへと渡ることを決めた。

こういうと、なんだかカッコいいと思われてしまうかもしれないけれど、実際は、何をしたらいいかわからないギリギリの状態の中で出てきた、唯一の選択肢だった。

そして、アメリカへ行こうと決断をしたその日から、不思議な出来事に遭遇することが続いた。

人があまり通らない道で3週連続同じ人に会ったり、パッと誰かを想像すると次の電車にその人が乗ってきたりと、いわゆる「シンクロニシティ」というわれる現象が続いたんだ。

「人は大きな覚悟をしたとき、チャンネルが切り替わり、宇宙が味方する」と、何かの本で読んだことがあった。

まさに覚悟を決めたことで宇宙が味方してくれるような、不思議な出来事が起きるという体験だった。

そして、向かった先は真冬のボストン。

ハワイとかカリフォルニアのような暖かい場所だと遊んでしまいそうだったから、あえてそういう場所は選択肢から外し、寒くて、日本人がほとんど行かないような真冬のボストンを選んだ。

また、ボストンはマサチューセッツ工科大学やハーバード大学のあるケンブリッジに隣接しているため、みんな勉強熱心なのではと思った。そして、日本人がほとんどいないという学校を選び、英語漬けの毎日を送ろうと心に決めた。たしかに、英語を学びたければ、いくらでも日本で学ぶことができたかもしれない。

しかし僕のような弱い人間は、簡単には逃げられない場をつくって、とことん追い込まないと続けることができないと思った。だからこそ、あえて自分を逆境に置くことで、逃げ道をつくらないようにしたんだ。

僕はよく「行動は誰にでもできる錬金術」と言っている。

いまの状況を打破したいと思ったり、何かを変えたいと思うなら、どんな小さなことでもいいからとにかく行動して、いまいる「場」を変えてみる。

すぐに結果が出なくても「場」を変えることで、新しい出会いや気づきが生まれ、その後の流れががらりと変わっていく。

結果も大事かもしれないが、むしろこのプロセスにこそ意味があり、それらの経験こそが、いまの僕が手掛ける仕事や人生にも活かされているんだ。

劣等感しかなかった、ボストンでの生活

ボストンの冬は、想像以上の寒さだった。
氷点下の世界では外の空気が「痛い」とすら感じ、家を出るときは必ず扉の前で深呼吸してから開けていたほど。しかし、英語を徹底的に学ぶと決めていたので、この厳しい状況は自分にとって好都合と捉えることにした。

そして、2つの目標を立てた。

ひとつは「外国人の友達とアメリカを車で横断する」こと。

もうひとつは「英語で友達と喧嘩できるようになる」こと。

いままで大きな夢なんてもったことがないけれど、目の前にある目標に向かってがむしゃらに行動することは苦ではなかった。

そして、日本へ帰るまでにこの2つの目標を達成するため、朝から晩まで、必死で勉強漬けの日々を送った。

途中、大学のESL（※10）に転入し、運よく現地の大学生とも仲よくなれた。週末になると、いろんな人種の人たちが大学のドミトリーに集まってきて、さまざまなことを議論する。

僕もなんとなくその輪にいたけれど、みんなが何について話しているのかまったくわからなかった。そして、ドリンクを片手に黙っているだけの僕を気に留める人も、誰ひとりとしていなかったんだ。

※10
English as a Second Languageの略。英語を母国語とする学生が国語として学ぶEnglishと区別するため、大学付属の非英語圏の学生を対象とした英語コースのこと。

これがもし日本だったら「どこから来たの？」「大丈夫？」と、空気を読んで話しかけてくれる人が、ひとりやふたりはいると思う。

そんな日本人の感覚があったせいか、誰からも話しかけてもらえないという状況に「外国人ってなんて自己中なんだ！」と思ってしまったほど。

しかし、よくよく考えると、多民族が暮らすアメリカでは文化も人種も違う。だから、自分の主張をはっきり言わないと通用しないことを、後々になって気づいた。

そもそも、日本での生活がイヤだったからアメリカに来たんだ。

本音と建前が存在する文化、社交辞令、そして何よりも気を遣いながら生きている日本人としての自分がダサいとさえ思っていた。

一方で、多民族が混在するアメリカでは、肌や髪、瞳の色、さらには言語や宗教など、共通点がない人同士が、自分の意見をはっきりと言い合う。そんなまわりの人たちの生き方をカッコいいと思った。そのことに気づくと、自分の中の劣等感が顔を出し、僕を苦しめはじめたんだ。

劣等感に気づいてからは、鏡を見るたび、自分の顔が生気のない死んだような顔に見えた。つい最近まで俳優をしていたなんて思えないほど、人の顔って一瞬で変わってしまうものだ。

毎朝、鏡を見て、やるせない自分の顔を見ては泣き、ひたすら英語をリフレインしているだけの日々が続いた。

「ULTRA」との出会い

ボストンに来て、1か月、3か月と経ったある日、テレビ番組で話しているキャスターの言葉が急に理解できる瞬間がやってきた。

よく「英語はある日、突然理解できるようになる」というけれど、まさにそんな体験だった。

その日から、外国人と話すことが怖くなくなっていった。

すると、必然的に流れが変わってきたことを実感した。日に日に友達が増え、目標だったアメリカを横断するための仲間にも出会うことができた。

そして、彼らと春休みを利用し、「**アメリカを車で横断する**」というひとつの目的を達成することができたんだ。

アメリカ横断の旅では、行く先を決めず、思いのまま進んだ。

LAから車で約3週間かけて東へと向かい、途中キャンプをしたり、車の中で寝たり、ときにはみんなで運転を交代しながら、24時間ぶっ通しで州を駆け抜けた日もあった。

アリゾナで見た、まるで神話の中にいるかのような神秘的な景色。
セドナの岸壁から眺めたオレンジ色の夕日。
ニューメキシコで見た永遠に続くかのような白い砂漠。
テキサスのガソリンスタンドで出会った陽気なハーレー乗りのおっちゃん。

僕が見たすべての出来事や景色は、忘れていた感覚を呼び戻すきっかけとなり、それが心のリハビリになったように思う。

そして、旅のゴールはマイアミだった。
最初からマイアミをゴールにしようと決めていたわけではなく、ただなんとなく、マイアミがゴール地点になっていたんだ。

旅の終わりを名残惜しみながらマイアミの街を歩いていたら、たまたま日本人の友達と出くわした。

お互いびっくりして「えー！　こんなところで何してるの？」と声をかけあった。マイアミの街中で友人に会う確率なんてほぼゼロに近いくらいなのに、旅をしているとこんな不思議なことが起きてしまうから面白い。

その友人から、いまの期間は世界中からＤＪが集まってきて、カンファレンスやパーティが、街のいたるところでおこなわれていることを聞いた。

そして、そのなかで最も大きな野外フェスティバル「ULTRA MUSIC FESTIVAL」の存在を知ることになったんだ。

偶然出くわした「ULTRA MUSIC FESTIVAL」の会場の光景は、いまでもはっきりと覚えている。

青空の下の巨大なＬＥＤスクリーン、最先端のダンスミュージックという共通言語を通じ、世界中の人々が熱狂している。

日本ではダンスミュージックのシーンはまだまだアンダーグラウンドで、クラブですら「悪の巣窟」みたいな言われようだった。だからこそ、そのあまりにもハッピーなオーラの空間に度肝を抜かれてしまったのだ。

きっとこの場にはさまざまな人種や境遇の人がやってきて、お互いが共鳴しあい、気づきのきっかけの場になっているんだと感じた。

僕自身も、ある意味すべてを捨て、自分探しのような状態でアメリカにやってきて、いまこの場で確実に心が動くような気づきを得た。

いま思えば、この「点」が、のちに僕のセカンドIDへとつながっていったのかもしれない。

そのときに「感じたままに行動したい！」と思えたのは、このイベントに参加したことがきっかけとなったような気がする。

たかがフェス、されどフェス。

音楽を通じて、心からあふれ出す感情や閉じていた感情に出会ったとき、自分の内側から「何かをしたい！」という想いが生まれる。

そして、そこから本当の意味での人生が動き出すことがあることを、このとき初めて知ったんだ。

ちなみに、ＬＡからマイアミまで3週間走り抜け、24時間という時間をほぼ一緒に友達と共有したことで、くだらない喧嘩もした。

それが結果的に僕にとって「同時に2つの目的を達成する」ことにもつながったわけである。

3週間のアメリカ横断

Chapter 2
ゼロになることを恐れない

徐々に死にゆく自分

フェスやイベントという〝気づきのきっかけの場〟の魅力にとりつかれ、しばらくイベントやフェスや自然を求めて世界中をまわることにした。トルコに皆既日食を見に行ったり、ネバダの砂漠で開催されている「バーニング・マン（※11）」に参加したり……そんなふうに、さまざまな国の文化や旅先で出会う人々にふれるうちに、いい意味で僕のリミッターはどんどん外れていったんだ。

その後、なんでもできるような気になって日本に帰国すると、まわりの友達

※11
ネバダ州のブラックロック砂漠で、年に一度、1週間にわたって開催される大規模なイベント

は何ひとつ変わっていないように見え、なんだか時間が止まっているような気分になってしまった。

僕自身、世界をまわり、それなりに経験や知識を得たと自負していたので、日本でもすぐに仕事が見つかるとタカをくっていた。

しかし、20年近く芸能界にいた僕が突然、他の仕事をするスキルを併せもっているわけもなく、それどころか「俳優」というレッテルが逆に邪魔をし、僕をビジネスの相手として見てくれる人は現れなかった。

仕事もなく、貯金も底をつき、無情にも時間だけが流れていく。

お金がないのはたしかに困るけど、それよりも「やることがない」ってことが、こんなにもつらいことだなんて考えてもいなかった。

大丈夫なふりをして、人と笑顔で過ごすことが、こんなにもきついことだなんて、思ってもいなかったんだ。

「世界をまわって、一発逆転してやろう！」という思いとは反比例するかのように、僕の人生は急降下しはじめた。

すべての歯車が狂い出し、知人とも揉めごとが起き、愛する人にも三行半を叩きつけられ……僕は人生最大の負のスパイラルへ落ちていった。

一人暮らしもやめ、実家の部屋に閉じこもり、過去を恨み、未来を悲観するようになった。トイレと食事以外は、寝たきり状態。

何もかもがイヤになり、「死」をも覚悟した。

このときの僕は、俳優として脚光を浴びたときの面影なんてまったくなく、ただただ「悲愴感」と「死」が心の中を漂っていた。

いっそのこと車に乗って、壁に突っ込んで死んでしまおうか……。そんなことが脳裏をよぎる。

誰かに悩みを話すことも助けを求めることもできず、心という機能そのものを壊してしまった僕は、未来に希望をもてないまま、思考が過去へと進んでいった。

楽しいことだけを追いかけ続けた少年時代。

いろいろな人から刺激をもらった学生時代。

そして、その頃の自分に戻りたいと思った。

そんな楽しかった過去のことを思い出しては、自分の選択が間違っていたのではないかと後悔の念にかられた。そして、未来を想像しては「このままどうなってしまうんだろうか？」と悲観するようになっていったんだ。

本当の自分を
解放しよう

SEC

Chapter 3

「死」を受け入れ、あえて開き直る

カーテン1枚で、外の世界から断絶することなどできないことくらい、わかっていた。だけど、そのときの僕は、暗闇の中で毎日ギリギリの精神状態を保つことに必死だった。

怒りや悲しみ、そして後悔、懺悔……誰かのせいにできたら楽なのに、それすらもできず、やがて考える気力すらなくなっていた。

助けを求めているのに、話しかけられたくもない。

話すという気力にすら到達しないうつ状態から脱するには、もう死ぬしかないのだろうか……。

帰国してまだ1年ちょっとしか過ぎていないというのに、アメリカでの記憶が遠い昔のことのように思えていた。いまの自分にはもう何もない、ヤル気も立ち上がる気力も、そして名声もお金もすべて消えかけていた。

当然のように、体調も日に日に悪くなっていった。

あと半年で30歳……。

昔から「男は30代から」と漠然と思ってた。しかし、いまの自分はそんなものとは程遠い瀕死の状態、これが現実……。

この惨めな自分を誰が想像しているだろうか。真っ暗闇の中をさまよいながら、無情にも時間だけが過ぎていく。

そんな生活が続いたある日、ふと「いまこうなっているのは、何かの病気のせいじゃないだろうか」と考えた。そして、この状態を病気のせいにできたらむしろ楽になれるんじゃないかと思い立ち、病院へ行ってみることにした。

血液検査、レントゲンなど検査をひと通り終えたあと、医師から衝撃のひと言が発せられた。

「肝機能障害です。小橋さん、このままだと死んじゃいますよ」

このひと言は、僕に強烈なパンチを食らわせた。

たしかに、いままで死を意識したことはあったけれど、医師の口から出た「死」という言葉は重みが違う。

このとき、お酒なんて一滴も飲んでいなかったのに、肝臓の数値がこれほどまで悪いのは、きっと過度のストレスが原因だと医師が説明してくれた。感情と肝臓は直結しているためだという。

そのとき、ふとこんな二択が頭に浮かんだ。

「このまま病気を言い訳にして、ただの中年オヤジになるか、それとも病気を克服して第二の人生をスタートさせるか……」

いままで、現実から逃げ出すことで自分を守ろうとしていた。

そうやって逃げることを繰り返してきたけれど、逃げても逃げても、結局はこうやってどん底まで落ちてしまったという、なんとも無残な現実がここにある。

「だったらもう逃げても意味がない。落ちるところまで落ちたからこそ、あとは上がるだけだ」と、そのときなぜか素直に開き直ることができた。

そうやって一度開き直ってしまったことで、少し心が解放された気がした。

そして、その開き直りによって「**自分の30歳の誕生日を、セルフプロデュースする**」という、バカげたひとつの目標を思いつくことになったんだ。

強制的に環境をつくってしまう

「自分の誕生日を自分で祝う」

そういうと勘違いする人も多いかもしれないけど、自分の誕生日をみんなにお祝いしてもらうことが目的ではなかった。

「もてなされるより、もてなす」ことをテーマにし、みんなが心から楽しめるパーティを開こうと思った。

つまり、ちょっとバカな目標をつくって、病気も治してしまおうと考えた。

昔から、最初に環境をつくらないと行動に移せない性格だったので、お金もないのに見栄を張り、無謀にもお台場のホテルのプールサイドを貸し切ってしまった。

そうやって、後に引けない、逃げられない状態をつくったんだ。

大きな場所を確保してしまったのだから、とにかく人を集めないことには始まらない。

「みんながお金を払ってでも行きたいと思えるイベントを仕立てあげないと、一巻の終わりだ……」

こういう追い詰められた状況だけが、唯一のモチベーションになったと同時に、「人生最高の身体で30歳を迎える」という目標をかかげ、とにかく身体を鍛えようと決めた。

スポーツトレーナーをやっている先輩に相談をすると、自然の中に身を置くことを提案してくれて、その先輩の知人が住む茅ヶ崎で安い部屋を貸してくれるということで、引っ越しすることを即決した。

引っ越してからは、朝早く起きて海で泳いだり、近場の山へ行ってひたすら走ったりと、自然の中でできるトレーニングをつんでいった。

しかし、すぐに回復の兆しが見えてきたわけではなく、当然、精神的に落ち込む日もやりたくないと思う日もあった。

気持ちのアップダウンも激しく、心が折れそうになる日も何度もあった。

でも、そのたびに「ありがとう」というひと言を口ずさむことで、このつらい状況を少しずつ受け入れることができるようになっていった。

逃げられない「新しい場」をつくったことが功を奏したのか、毎日身体を動かしていくうちに、徐々に落ち着いた時間を過ごすことが長くなっていった。

太陽の光を浴び、風を感じると、五感が研ぎ澄まされていく。

鈍っていた身体に酸素がすっと行きわたると、心も身体も少しずつ元気を取り戻していった。そして3か月後、目標だった「人生最高の身体」を手に入れることができた。

30歳の誕生日を迎えた瞬間は、ひとりで茅ヶ崎の海岸にいた。

「今日これから開催される誕生日イベントには、想像以上にたくさんの仲間がきてくれる。体調面も申し分ない」

そんな最高のシチュエーションに興奮していた。

同時に、これまで僕を支えてくれた人たちや、そのときサポートをしてくれた先輩や仲間に感謝の気持ちがあふれてきた。

そして、夜の海に向かって「ありがとう！　ありがとう！」と、泣きながら大きな声で叫んだんだ。

誰でも、3か月本気でやれば変われる

2009年の8月、誕生日イベントの当日を迎えた。

「もてなされるより、もてなす」をコンセプトとした誕生日会は、運営費を集めるため、パーティではなくイベント化した。仲間の協力もあったおかげで、なんとか無事に本番を迎えることができた。

人は誰でも、3か月本気でやれば、変われると思う。

瀕死の状態から、自分の誕生日を自分でオーガナイズしようと思いつき、ひたすらこの日のために生きてきた3か月。

どんな状態でも、人は本気になればたった3か月で変われるんだってことを、身をもって知ることができた。

そして、想像を超える300人という人たちが参加してくれたことは、シンプルに仲間のありがたみを感じることができた。

パーティでは、現役時代の北島康介選手並みの身体を見せつけ、終始満面の笑みでいた僕。だけど、数か月ぶりに飲むお酒にノックダウンされてしまい、二次会が始まって5分でトイレで寝落ち、あえなく退場となってしまったのはいうまでもない……。

健康な身体で仲間に囲まれ、笑顔でいられることが、これほどまでに幸せだと知った。

しかし、これまでの自分とは違う価値観に気づいたものの、実際には、その後すべてが順調に進んだわけではなかった。

健康になったところで、すぐに仕事があるわけでもなく、明日の予定もない状態が続いた。でも、なぜかその状況を俯瞰《ふかん》することで、そんな毎日を少しずつ楽しめるようになっていった。


「ピンチこそチャンス」

ありふれた言葉だけど、最悪だと思う出来事も一歩引いて見ると、その出来事があったからこそ見えた景色、出会えた感情があることに気づく。

そして、その出来事をどう捉えるかで、人生のチャンネルが切り替わる瞬間は誰にでも平等に訪れると思う。

ピンチをどう捉え、どう行動するかで、その後の人生が面白いほど変わってくることを、僕はこれらの経験から学ぶことができた。

後先考えず飛び込んだことで、未来が拓けた

30歳の誕生日以降、趣味で仲間とイベントをつくることが増えていった。

渋谷のビアガーデンの屋上にレーザーとＤＪブースをセッティングしてパーティをしたり、みんなで博士のような白衣を着て、実験室のような空間でイベントをひらいたり、当日まで会場があかされない秘密のイベントを開催したり。毎回、趣向を凝らしながら、ゲストがワクワクどっきりするような仕掛けをつくっていった。

そのうち、僕らが仕掛けるイベントは徐々に話題になっていき、いつしか

300人の会場に1000人以上ものゲストが集まるようになった。

そこには決してイベントを生業にしようとか、大きくして稼ごうなんて企みはなかった。ただ自分たちでできることの可能性を一つひとつ追求しているうちに、気づくとそうなっていた、という感覚だった。

その後、次第に大手企業からもプロとしてイベントプロデュースの仕事の依頼が来るようになり、人が楽しみ、気づきのきっかけになるような「場」づくりに、のめり込んでいった。

そんなある日、休日にふらっとサーフィンに行ったところ、そこで足の小指を骨折してしまった。

「なんてついてないんだ。小指といえども、松葉杖をつかないといけないなんて、仕事もままならない。せっかく調子よくなってきたのに、なんて最悪なんだ……」と、一瞬思った。

しかし、いままでの20代で経験したことをもとに「きっとこれはいいことが起きる前兆なのかも」と、無理やり楽観的に考えることにした。

小指の骨折のせいで不自由な生活をしていたある日、友人に誘われて食事に行くことになった。松葉杖だった僕に気遣ってくれた友人は、自宅から近いお店をチョイスしてくれた。

そして、そのお店こそ、のちに僕が映画を撮るきっかけとなった、作家の高橋歩（※12）さんのお店だった。

その日、彼は不在で会うことはできなかったのだが、店の共同オーナーの人と意気投合して、後日「今度、歩のトークイベントがハワイであるから行こうよ」と誘ってくれた。

もちろん、二つ返事で「行きます」と答えたかったが、当時はハワイに行く経済的な余裕はなかった。

※12
サンクチュアリ・パブリッシング創業者。実業家。随筆家。東京都港区生まれ。A-Works、play earth代表取締役など。

仕方なくあきらめようと思っていた矢先、ふとマイレージが残っていること
に気づいた。

しかし、マイレージで行ける枠の席は空いておらず、仮に空いたとしても期
限は4日前までなので、願掛けのつもりで「もし奇跡的に行けたら運命だ！」
と思うことにした。

ハワイ出発4日前の朝、コールセンターに電話をするも、やはり空いている
席はなかった。

「何時までが期限ですか？」

「12時がお席をお取りできる期限となっております」

……もう一度だけ、ダメもとで電話してみよう。

12時直前になって、

「空いてる枠はありますでしょうか？」

「そうですね……申し訳ございませんが満席のようです」

と言われ、あきらめかけたそのとき、

「あ、ただいま関西空港経由であれば、ひと席空きが出ました!」

こんな奇跡のようなタイミングで、どうにか席を確保することができ、僕はハワイに行けることになった。

前述した新聞配達のバイト探しをしていたときと似ていて、こういう出来事は、あきらめなければ最後の最後にギリギリで獲得できるよう、不思議な助けがあるものだ。

そうして向かった、ハワイでのトークイベント。

ショッピングセンター内の本屋さんに、スカーフを頭に巻いたヒッピー風のおじさん、つまり高橋歩さんがいた。

彼は、

「ビリーブユア鳥肌！」

「鳥肌うそつかない！」

「脳みそスパーク！」

なんて言葉を、熱く語っていた。


普通に聞けば「いい歳したおっさんが、何言ってるんだ?」って、ツッコミたくなるところだ。でも、そのときの僕はなんだかわからないけど、彼の話に、まさに脳みそスパーク！　鳥肌全開で聞き入ってしまったんだ。

しばらくのあいだ、自分の直感を無視して生きてきたからこそ、久しぶりに感じたワクワクだったのかもしれない。

その日の夜、打ち上げの席で初めて高橋歩さんと話をした。

そのとき「**今度、車椅子生活の不良オヤジとアメリカ横断の旅に出るんだよね**」と、さらっと彼が話をしはじめた。

「車椅子の不良オヤジ？」

「アメリカ横断？」

理由はないけれど、とにかくその話を聞いて、さらに僕の脳みそがスパークしてしまった。

そして、とっさに「**その旅を映画として撮らせてください！**」と口に出して言ってしまったのである。映画に出たことはあったが、撮ったことなんて一度もないにもかかわらず。

翌日、歩さんのほうから連絡があり、

「賢ちゃん、昨日の映画の話、本気かな？　ほら、だいたい飲み会の席で盛りあがっても、一晩越したら冷めるじゃん?」

と言ってきた。

たしかに、いままでの僕だったらそうだったかもしれない。現状を言い訳に、やってもいないのに「できない理由」を探していただろう。

しかし、このときの僕は子どものころのように、ただワクワクしたものに理由もなく飛びついてみたかった。

そして、後先のことなど何も考えず「もちろん、やります! 本気です」と即答していたんだ。

彼も「賢ちゃんが本気なら、俺らも受け入れるよ」と言ってくれた。

そこから歩さんと僕、そして映画に関わってくれた人たちの、新しい挑戦が始まることになっていった。

DON'T STOP!

そうして生まれた映画が、2012年に公開された「DON'T STOP!（※13）」だ。当時はもちろん「どんな映画にしたい」とか「どんな人に観てほしい」なんてアイデアがあった訳でもない。

そもそも、「映画監督になりたい」なんてことも、さらさら思っていなかったし、資金もなければ、映画を撮るノウハウさえもなかった。

ただただ、自分の直感を信じて動いてみたかったんだ。

プライドを捨て、頭を下げまくり、資金集めやスタッフ集めに奔走した。

※13
作家・自由人としてマルチに活躍する高橋歩と、事故で下半身と左腕の自由を失った通称CAPが、仲間と共にアメリカを旅する姿を追ったドキュメンタリー映画。

そして、ドキュメンタリーの映画や本をかたっぱしから見漁り、アップルストアに行き、無料の動画編集講座に参加したり——。とにかく自分でできることは何でもやった。

寝る間も惜しんで準備をしたが、具体的な内容は決まっておらず、ほぼほぼ見切り発車で旅は始まった。

最初は、車椅子の不良オヤジと男同士のカッコいい旅を想像していた。

でも、ふたをあけてみたら、彼の70代のお母さんや、お母さんの幼馴染の友人、それに彼の20代の娘さん2人と、歩さんの仲間たち……などなど、年齢、性別も異なる、しかも初対面の人たちが一緒に旅をするという、いかにも一筋縄ではいかなそうな予感が立ち込めていた。

「監督、そんな普通の家族旅行みたいなメンバーで、ホントに映画になるんですか？」と、助監督を引き受けてくれたスタッフが疑問を投げかけてきた。

たしかに、このまま初対面の人々がお互い気を遣いながら旅をするなんて、映画になりやしない。

だけど、もう後戻りはできない。

とにかく根拠のない自信をもち、自分の直感を信じることしか、選択肢はなかった。

不安になったときは「絶対にいい映画にする！」という言葉をあえて口に出して誓うことで、宇宙が味方してくれると自分に思い込ませていた。

そして、20代から70代の男女11人と、2台のモーターホームと2台のハーレーで、アメリカ大陸4200キロの旅が始まった。

旅の道中は、普通ではありえないようなさまざまな事件が起こった。毎日これでもかってほど、何かしらの事件が面白いように起こったんだ。

トラブルが起きるたび、言い合いになったり、怒ったり、泣いたり。ひとつをクリアし、少し順調に行き始めたと思ったら車をぶつけたり、バイクで事故ったり……。

最初は僕自身も、ハプニングやトラブルが起こるたびに「まじかよ……」と落ち込んでいた。

でも、カメラを通してその出来事を見ることで、徐々にそのトラブルを客観的に見ることができる自分に気づきはじめた。

そうと気づいてからは、予定調和にないことが起こるたび、思わず心の中でニヤーっとしてしまう自分がいた。

もちろん、僕も彼らと同じ場所にいるわけだし、同じトラブルに遭遇して困っているはずなのに、カメラというフィルターを通すことで、その出来事を違った目線で捉えることができたんだ。

のちに、旅の仲間からも「賢ちゃんってドSでしょ？　だって僕たちがトラブってるとき、カメラを回しながらニヤニヤしてるんだもん」と言われたほどだった。

アクシデントやトラブルを客観的に捉えることで、その出来事がもつ本当の意味を、冷静に分析できるようになっていった。

「この感動は、あのトラブルがなければ味わうことができなかった」と思えるほど、物事にはすべて意味があることを知ったような気がしたんだ。

断片的に見ると最悪な出来事でも、長い目で見ると、その出来事があったからこそ出会えた景色があり、出会えた人、芽生えた感情がある。

そして、それらすべてのものに意味があり、どんな物事も何かに導いてくれていることに気づかされたということだ。

そのときの感覚は、いまこうして普通に生活している中でも活かされていると思っている。

たとえば、自分がイヤだなあと思うことが起きたとき、その「イヤだ」という意識を、あえていったん別の場所へ置いてみる。

すると、落ち込んでいる自分や、怒っている自分と切り離すことができ、いつものフラットな自分の意識に思考が向かっていく。

そうやって断片的に起こる怒りや悲しみの感情を俯瞰することで、その感情を冷静に判断することができるんだ。

「ULTRA」は日本で開催できるのか？

映画の上映も終わり、映像やイベントプロデュースの仕事が徐々に増えていった。そんな中で、**韓国に初上陸する「ULTRA MUSIC FESTIVAL」を仕切っているという人が、日本でのパートナーを探していたらしく、突然僕に白羽の矢がたった。**

「ULTRA MUSIC FESTIVAL」といえば、アメリカ横断の最後の地マイアミで出会って衝撃を受けた、世界最大のダンスミュージックの祭典だ。

その「ULTRA」に自分が関わることができるなんて、夢のようだった。

突如はじまったプロジェクトだったが、本番を迎えるまで不眠不休のような毎日が続いた。

アーティストのブッキング、ステージデザイナーとの確認、海外チームとのやりとりなど、なれない作業は毎日深夜まで続いた。

これは後からわかったことだが、そのとき僕は、やらなくてもいいことまでやっていたらしい。

しかし、そのときは自分の可能性を追求することに意味なんてなかった。とにかくやれることは何でもやろうという思いだけが、僕を動かしていた。

そして、アジア初上陸を迎えた「ULTRA KOREA」は、僕の中で革命を起こした。

10万人の観客が、オリンピックスタジアムでどよめいている。

「韓国にはまだダンスミュージックが根づいていない」といわれていたが、そんなことが嘘のように、みんなが一体となり、我を忘れ楽しんでいた。

そして、そこでは普段は露呈《ろてい》することができない「新しい自分」や「忘れかけた感情」を、それぞれがさらけ出しているように思えた。

感情が一体となり場を包む。そんな光景を目の当たりにし、これまでの自分の過去と重ね合わせ、思わず涙があふれ出ていた。

ある日、ある若者がSNSで「すごい！　でも、どうせ日本でこんなこと無理だろうな……」というコメントとともに、世界中でムーブメントになりつつあったさまざまな音楽フェスティバルの動画をシェアしていたのが目に留まった。

日本でもSNSが浸透しはじめ、誰もが個人のチャンネルをもち始めた時期であり、YouTubeで「ULTRA」や「Tomorrowland」という音楽フェスの動画が何千万、何億回と再生されはじめたタイミングだった。

この「どうせ」という、悲観するようなあきらめの感情こそ、いまの日本の問題だと直感的に思った。かくいう僕も、過去にそのようなあきらめの感情を抱いていたので、その気持ちは痛いほどわかった。

同調圧力の中で育った人々は、自分のアイデンティティもわからないまま、夢ももてず、ただただ現実主義な生き方をしている。日本の未来や自分の将来に何も期待をしていない。

では、この「どうせ日本でやれるわけがない」と思ってる日本で、もし奇跡みたいなことが起きたら……？　それらを目の当たりにしたら、それを体験した人は自分の将来や日本の未来にも希望をもってくれるのではないか……？

そう思いはじめたら、いてもたってもいられなくなり、「ULTRAを日本で開催したい！」と強く願うようになった。

「ULTRAを日本で開催することは、僕にとって映画をつくりあげることと同じだと捉えてみよう！」と自分に言い聞かせながら、まだ見ぬ「ULTRA JAPAN」の開催に向けて、奔走することになったんだ。

とはいっても、最初は自分がクリエイティブ・ディレクターになるなんて発想などなく、誰でもいいからとにかく、自分と同じ気持ちをもって日本で開催してほしい！　という感覚だったのも事実だ。

僕が「ULTRA JAPAN」の話をすると、まわりの人はあたりまえのように「日本では無理でしょ」と言う。

そこまでダンスミュージックのシーンに精通していない日本人が、ダンスミュージック専門のフェスにのめり込むとも考えられないし、過去をとってもそこまでの集客はできない、という意見ばかりだった。

そして、「海外のイベントのローンチなら、まずは小さい会場からで十分でしょ」と鼻で笑うような人たちもいた。

それでも僕はあきらめず、開催に向けて行動することをやめなかった。

そんなある日、マイアミの「ULTRA MUSIC FESTIVAL」に参加した際に、当時のエイベックス・ライヴ・クリエイティヴ株式会社（※14）の代表だった方と偶然出会った。

何の約束もしていなかったのにもかかわらず、突然感情があふれ出し、僕はその場で猛烈に「**どうか、これを日本で開催してください！**」と申し入れをしてしまったんだ。

そのとき、自分でもなぜそんなことを言い出したかはわからないが、とにかく無我夢中で必死に説得したのを鮮明に覚えている。

その代表の方にはいまでも「**あのときの賢児の説得がなかったら、正直言って、日本での開催はなかったかもな**」と冗談まじりに言われる。

※14
現在はエイベックス・ミュージック・クリエイティブ（株）とエイベックス・ライヴ・クリエイティヴ（株）が合併し、エイベックス・エンタテインメント（株）に商号変更。

結果、エイベックス・ライヴ・クリエイティヴの協力を得ることができ、日本開催にむけてスタートすることとなった。

しかし、日本での開催は前途多難だった。

都会のど真ん中の立地で、ステージも規模も規格外なイベントのため、どこの会場をあたっても理解してもらえない。

会場が決まらないと、チケットを販売することもアーティストをブッキングすることもできないのに、開催まで1年を切っても見つからなかった。

もはやタイムオーバーか？　そんな思いが頭をよぎる。

そして、過去にフェスの開催実績がある会場に泣く泣く決めざるを得ない状況になった。それでもまだ「この場所では納得できない。ここでは奇跡を感じてもらえない……」と、どうしてもあきらめきれない思いが僕の心にあった。

そして関係者全員を引き連れて、お台場の駐車場が見渡せる、船の科学館前の駅の上へ行き「どうしても僕は、ここで開催したいんです！」と叫ぶように言葉にした。

すると「この締め切りギリギリのタイミングで、何を言い出すんだ！」とばかりに、完全に空気を乱した僕に、多くの冷たい視線が注がれた。

しかし「この都会のど真ん中でありえない景色を見せてこそ、奇跡を感じ、人生に希望を見出すことができる！」という一心だった僕は、もはや、まわりの目をまともに見ることもできず、完全にひとり暴走してしまったのだ。

不穏な空気をつくってしまった後悔にかられながらも、そのまま青山のエイベックス本社に戻った。そして、駐車場からエレベーターにつながる踊り場で、不思議なことが起こった。

なんと、マイアミで会ったエイベックス・ライヴ・クリエイティヴの代表の方に、たまたま遭遇したのだ。

その方に「今日の会場どうだった？」と聞かれた僕は、**「僕はどうしても、今日見た会場ではなく、お台場で開催したいです！　お台場は羽田や成田などから来る外国人から見ても玄関口でもあるし、それに都会のど真ん中でやるからこそ、人々は奇跡を感じるんです！」**

こんなふうに、内なる思いがあふれ出し、お台場でやることの意味を無我夢中で説明してしまったのだ。

すると、僕の熱い思いが伝わったのか「よし、じゃあもう一度、お台場にチャレンジしよう！」と鶴の一声が飛び出した。

数日後、なんと奇跡的にも会場は、そのお台場に決定したのである。

なんとも不思議な出会いで僕の願いが叶うことになったけれど、その後はチームづくりなど、とにかく苦労の連続だった。

なぜなら、世界でのフェスムーブメントや「ULTRA」のイベント自体を体験している人がほとんどいなかったからだ。

チームというのは一人ひとりが同じ熱量をもっていないと成立しない。

あるときは運営側、あるときはＰＲ側に立つこともあるというフットワークの軽さや、柔軟な対応も求められる。

毎日毎日、みずから一人ひとりに朝方になるまで熱を込めて説明し、そのときできることの可能性をひたすら模索し、実行することを突き詰めていった。

そして気づくと、僕は「ULTRA JAPAN」のクリエイティブ・ディレクターという立場になっていた。

しかし、そんな努力も虚しく、開催３か月前になってもチケットの売上は思うように伸びなかった。

通常のダンスミュージック目当てで来る客層は、過去のデータから見ると、最大でも2万人が限界。「ULTRA JAPAN」は初年度から2日間で4万2000人も集客しなくてはならない。

「やはり、DJだけのイベントで4万人の集客なんてできない」
「チケットの売れるアーティストや、アイドルを入れたほうがいい」

チーム内でもそう言い出す人がいたりして、不穏な空気ばかりが流れた。
僕自身も、実際の数字を叩きつけられると、何度も心が折れそうになった。
しかし、その度に最初の衝動を思い出しては「自分を信じろ」「多くの人々に、人生が変わるような気づきのきっかけをつくりたいんだ！」と、自分を奮い立たせた。

さらに、チームのみんなに「自分たちがいままでやってきたことを信じて、とにかくできることをやろう！」と伝え続けた。

そして、開催2か月前。

第2弾のアーティストを発表した瞬間から、チケットの申し込みは信じられないほどうなぎ上りとなった。そして、開催1か月前には、全チケットがSOLD OUTになるという奇跡が起こったのである。

「SOLD OUT」という文字を見た瞬間、張り詰めていたものが一気に解放され、これでもかというくらい嗚咽しながら泣いて、みんなと抱き合った思い出は、いまも決して忘れることができない。

そうして2014年の9月のお台場で「ULTRA JAPAN」は無事に開催することができたんだ。

「場」は気づきのきっかけとなる

初年度、2日間の累計来場者数はのべ4万2000人。**「日本での開催は無理だ！」と言われた「ULTRA JAPAN」だったが、終わってみれば日本中で話題となるイベントとなっていた。**

東京のど真ん中に突如現れた巨大なステージの下、人生が変わったかのような目をして熱狂している人、想像が現実となったことで号泣している若者、我を忘れて無心に踊り続ける人々など、その姿すべてが、僕らの想像以上の景色だった。

フィナーレを務めた「Axwell Λ Ingrosso（※15）」が舞台袖にはけてもなお大きな歓声は続き、そのエネルギーは東京の街をも変貌させるかのようだった。

もし、会場が都会でなければ、夜中まで開催することができたかもしれない。だけど、**日常の中に起きる非日常の世界を体験してこそ、奇跡を感じてもらえると僕は思っていた。**

だからこそ、都会のど真ん中、お台場の地にこだわりたかったのだ。

たとえば、ディズニーランドが日本にオープンしたとき。

普段は遊園地に興味もなかった人が「なんだかよくわからないけど、世界からすごいものがきたから行ってみようよ！」と誘われて、ふらっとディズニーランドに行ったことで世界観が変わり、本場フロリダのディズニーランドまで

※15
スウェーデン出身。アクスウェルとセバスチャン・イングロッソによって2014年に結成された、2人組の世界的DJユニット。

行っちゃった、なんていう例はたくさんある。

ダンスミュージックも同じで、音楽にも海外にも興味がなかった人たちが、ふらっとフェスに参加することで価値観ががらりと変わり、内なる気づきを得るときがある。

だからこそ、「体験したことがきっかけで世界が変わる」ということを、僕はいつもチームのみんなに伝えていた。

きっかけは何だっていい。

「自分の内なる興味からの行動」の先で出会った景色や感情にこそ、自分にしかつくれない人生が隠れている。

かつて、自分探しをしながらイベントへ足を運んでいた僕が、いまこうしてイベントをつくる側に立ったり、本を書いたりすることにつながっていったように、「価値観の変わる気づき」はあらゆる可能性を秘めているんだ。

2019年で6回目の開催を迎える「ULTRA JAPAN」は、初上陸から5年間で約50万人近くを動員した。

僕は5年という節目で「ULTRA JAPAN」のクリエイティブ・ディレクターを卒業したけれど、「ULTRA JAPAN」を経験した若者の3万人以上が、フェスをきっかけに海外へ足を運んだという。

きっかけは何であっても、行動したプロセスの中で、さまざまな出会いや内なる気づきを得ることこそが価値なんだ。

そして、10年後、いや20年後、この「ULTRA JAPAN」がきっかけで、世界で活躍している日本人がひとりでも現れたら、これ以上うれしいことはない。

Chapter 3

本当の自分を解放しよう

気づきのきっかけへ
～ULTRA JAPAN～

OND

人生は
「想定外」に
出会うことで
広がっていく

SEC

Chapter 4

あえて一度、リセットをする

「ULTRA JAPAN」をはじめとして、ありがたいことに多岐にわたる分野の仕事をいただけるようになった。でも、イベントやパーティのプロデュースなど華やかな仕事のど真ん中にいることが続くと、自分の感覚を一度リセットしたいという衝動にかられることがある。

ちょうど「ULTRA JAPAN 2015」が終わったあたりから、いったんいまの生活から意図的に外れたいと思うようになっていた。

いい流れになってくると人は盲目的な感覚に陥りやすいことを、過去の経験から知っていたし、いまあるコミュニティの中にいるだけだと、本当の自分の考えや感覚が見出せないと感じていたのかもしれない。
そして、毎日SNSを使って生活をしていると、自分や自分の仲間のコミュニティで語られていることが、あたかも「たったひとつの正解」であるような気になってしまう。

誰かが発した考えが、知らず知らずに自分自身の考えとなってしまうことだって、ときとしてある。しかし別のコミュニティに行けば、まったく違う感覚の人たちが、まったく違う答えを出していることもある。

僕が好きな言葉のひとつに、仏教用語の「中道《ちゅうどう》」という言葉がある。簡単に解釈すると「両極の世界を見て、自分や社会の中心を知る」という意味だけど、その言葉の真意に触れたいという思いが頭の中をよぎることがよくあった。

そんなある日、波乗りをしているときに突然「そうだインドへ行こう！」とインスピレーションが降りてきた。

それと同時に、以前に見たひとつの記事を思い出した。

内容は、Facebookの創業者のマーク・ザッカーバーグが、起業したばかりの不安定な頃にスティーブ・ジョブズに会いに行き、「インドに行け」と言われ、インドの旅の道中でFacebookのミッションを確信した、というものだった。

海からあがると、当時はまだ彼女だったいまの妻に、すぐさま「ねえ、インドに行ってきてもいい?」と聞いてみた。

彼女はあまりにも突飛な発言に開いた口がふさがらない感じだったけれど「私が止めてもどうせ行くんでしょ」と、ちょっと苦笑いで承諾してくれた。

もちろん、そこにリスクがないわけではなかった。

「ULTRA JAPAN」は続いていたわけだし、せっかく掴んできた仕事の流れを切ってしまう可能性もあった。

しかし、あふれ出てくるこの感情を止めることはしたくない。

なぜなら、さまざまな先人が魅了されたというインドの本質を知らなければ、この先に進めないような気がしたからだ。

バックパックひとつで、3か月間のインド生活

2015年の12月、36歳にして、単身バックパックひとつと現金30万円を身体中に隠して、3か月のインドの旅がはじまった。

そして、インド最大の都市ムンバイの玄関口でもある、ムンバイ空港（チャ

トラパティ・シヴァージー国際空港）に到着した。

ここには約10年前にも訪れたことがあるけれど、経済成長が続くインドの交通インフラを支える主要空港のひとつだけあって、見違えるほどの変化をとげていた。僕の中でイメージしていたムンバイ空港とあまりにも違うので、一瞬、降り立った場所を間違えたのでは？　と錯覚するほどであった。

しかし、空港を出た瞬間、耳を裂くようなクラクションが街中に鳴り響いたとき、「あぁ、インドに来たんだ！」とゾクゾクした。


これから過ごすインドでの3か月間は、日本では当たり前だと思い込んでいる常識が通用しないかもしれない。

しかし、自分の内に閉じていた感覚を開くという意味では、その非常識さも受け止め、新しい自分に出会える期待のほうが大きかった。

とはいえ、旅に慣れるまでは、自分とバックパックの中身だけしか信じてはならないことも十分わかっていた。
「楽しむ」という大前提の要素のなかにも、「慎重さ」は決して忘れてはならないと心に留めていた。

10日間の瞑想で、自分と究極まで向き合う

日本を発つ前から、今回の旅の始まりは「これをやる」と決めていたものがあった。

それは〝物事をあるがままに見る〟という意味の「ヴィパッサナー（※16）」というゴータマ・ブッダが生涯において教え続けた瞑想法を習得することだ。

※16
インドにおける最も古い瞑想法のひとつ。2500年前にゴータマ・ブッダによって再発見された。自己観察によって自己浄化をおこなう方法。

最近は日本でもヨガブームなどで、「瞑想」という言葉を聞いてもそこまであやしく思う人はいないと思うけれど、当時「インドで瞑想体験する」なんて聞けば、なんか怪しいと思う人もいただろう。

それでも僕は、スティーブ・ジョブズや、シリコンバレーなど世界で活躍するビジネスパーソンの間ですでに取り入れられている瞑想を、インドで体験をしようと考えていたんだ。

ヴィパッサナーの瞑想センターに到着し、いよいよ10日間の規則正しい生活がスタートした。

2500年前にゴータマ・ブッダによって再発見されたヴィパッサナー。

瞑想体験の期間中は——

- **いかなる生き物も殺さない**
- **盗みを働かない**

・いかなる性行為もおこなわない
・嘘をつかない
・酒や麻薬などを摂取しない

この5つの戒律を守らなくてはならなかった。

また、読み書きはもちろん、他の人との会話や目を合わせることさえも禁止。当然のことながら、PCや携帯なども禁止された。

予備知識があったものの、いよいよ始まるというときは、やはり緊張している自分がいた。


朝4時に起床し、夜の9時半までひたすら瞑想をして過ごす。

最初の3日間は、鼻の下を通る自然な呼吸のみにひたすら意識を集中し、その後、意識を全体に移していき、自分の身体のパーツをひとつずつ観察するという作業をおこなった。

誰とも話さず、ひたすら自分と向き合うということは、一見簡単なことのように思うが、訓練されていないと意識すら持続できない。

呼吸に意識を集中させようと思うものの、すぐにその集中が解けてしまう、これの繰り返しだった。

さらに、つらかったのが毎日やってくる1時間の座禅だ。もののの30分で身体のあちこちが悲鳴をあげるが、その感覚すらも観察しなくてはならない。気を抜くと襲ってくる睡魔もしかり。

最初のうちは、とても平静に瞑想なんてできやしなかった。意識ひとつをとっても「この瞬間のみ」にフォーカスすることがいかに難しいか。

意識を「いまここ」に集中しようとしても、1分も経たないうちに「あぁ、この前のイベントは楽しかったなぁ」と過去を思い出しては浸り、ふと気づくと「おっ、いいアイデア思いついた！　次はもっと楽しくなるぞ！」というように、意識はいきなり未来へ飛んでいってしまう。

同じようにネガティブなことであっても「この前の案件で先方に迷惑かけちゃったかもなぁ」と過去を思い出し、「よし、帰ったらちゃんと詫びを入れにいこう」と未来へ飛ぶ。

こんなふうに「過去から未来」「未来から過去」へと頻繁に飛んでしまい、「いま」という瞬間をほとんど生きていないことに気づかされるのだった。

普通に生きていると、病気や怪我をしない限り、自分の身体で何が起きているかなんてことは考えないだろう。

しかし、ヴィパッサナーでは瞑想を通じて、徹底的に自分の身体に流れる細胞一つひとつを観察するということを繰り返しおこなう。

外界からの接触が一切ないため、「いま」という瞬間を自分自身で受け入れるしかない。物事をありのままの姿で観察し続けることで、内面がどんどんと浄化していくという感覚を知ることができた。

10日間という長い瞑想が終わった後、もう何をしても、何を食べてもいいという自由な世界に戻った。

長い沈黙も解かれたので、誰と話をしてもいいのだが、僕はいきなり話をする気にはなれなかった。もう少しこの沈黙に浸りたかった。

ベンチに腰を下ろすと、目の前がスクリーンの枠のように見え、その枠の中に見える木々、鳥、虫たちと、自分の呼吸がまるで共鳴しているような感覚になった。ただそこにあるだけなのに、この瞬間があることの素晴らしさに、しばらく浸っていたかったんだ。

物事をただあるがままに見る。

いつかバシャールの本で読んだ、「**すべての物事は中立で、意味をつけているのは自分**」という言葉の意味が、瞑想体験を通して少しわかった気がした。

きっとキリストやブッダ、世界のあらゆる宗教や哲学者の教えも、真理は同じことなんだろう。この旅で、あらゆることが起きるだろうが、可能な限りこの感覚を実践してみたいとも思った。

日常に「想定外」を

瞑想体験をしたあとは、見違えるほど頭はスッキリし、視界も驚くほどクリアだった。体重も5〜6キロ落ちていたので、身体も軽くなっていた。

久しぶりにつけた携帯の液晶は、太陽を直視しているかのようにまぶしすぎて、電磁波が脳天を突き刺すような感覚があった。人の話を聞いたり、届いていたメールを読むだけで、情報量が多すぎたのか、その日は頭がちょっと重くなってしまった。

情報社会にいると多くの刺激があり、そこからいいアイデアが生まれると思いがちだけれど、あらゆる情報を遮断した**瞑想体験中のほうがよっぽどいいアイデアが浮かんでいたことに気づかされた。**かつての先人たちも、同じ思いを抱いたのかもしれない。

そして、その瞑想体験の後からが、本格的なインドの旅の始まりだったような気がした。というのも、あらゆる非日常が僕に降り注ぎはじめたからだ。

まず驚いたのが交通機関だった。

時刻表通りに電車が来る日本と違って、当然ながら決まった時間に電車が来ることがない。電車やバスのドアは開けっ放しのうえ、乗客が何人も扉や窓から身体をはみ出して乗っている。

また、路上で売られているローカルフードの食器も、誰かが使い終わったものを一瞬水で流すだけか、ときには洗いもせず、使いまわしされるなんてことも……。

例をあげたらきりがないというほど、さまざまなインドの日常が僕を驚かせた。**「日本と違う」なんていう思考は無意味だと徐々に発想を転換していくうちに、不便なことすらも少しずつ楽しみはじめている自分がいた。**

大人になればなるほど、自分の決まりごとや苦手なものなどがハッキリしてしまい、環境に適応しにくくなる。だからこそ自分の常識とは違う場所を旅して、自分の常識との違いに打ちのめされながらも感性を広げたほうが、その先の視野や可能性はずっと広くなると僕は思う。

この先、この旅で何が待ち受けているかわからないけど、とにかくインドの常識に従ってみることが暗黙のルールであり、僕という人間を成長させてくれるヒントになるんじゃないかと思った。

トラブルもゲームのように

それにしても、インドという国は思った通りにはいかない国だった。日本なら年に数回あるかないかというレベルのハプニングが、インドではたった1日のうちに何度も起きる。最初のうちは毎回反発していたけど、インドの人はなぜか平然としている。だから、それにいちいち反発していても仕方がない。次第に「**この感情は自分自身の勝手な常識でできているんだ**」ということに気づいていく。そして、起きた出来事をどう捉えるかで未来が変わっていくのでないか、と気づいたんだ。

ある日、待てど暮らせど電車が来ず、結局10時間待っても来なかったため、その町にとどまることになってしまったことがあった。

いままでだったら「最悪だ!」と怒りの感情に任せ、気分をネガティブな方向にもっていってしまっていたけれど、「いや、この時間の遅れできっといい出会いがあるかも」と実験するかのように楽観視してみることにした。

そうして駅までの道のりを逆戻りしていくと、何やら人々の様子がいつもと違う。「何かあるのか?」と聞いてみると、明日は4年に一度のインド最大のお祭りがここでおこなわれるという。

嘘のようなホントの話だけど、起きた出来事をどう捉えるかで、そのあとの未来が大きく違ってくるってことを身をもって知る出来事だった。

そしてそこから、インドで日々起こる試練ともいえる出来事を、まるでトラブルをクリアするゲームのように楽しめるようになっていったんだ。

インドで過ごした3か月間は、まさにハプニングと冒険の毎日だった。

しかし、それこそが両極の幅を深く広げてくれる「中道」という言葉の意味を知るうえでの大切な経験だった。ものごとをあるがままに捉え、ある意味で楽観的でいるということの大切さも、同時に身をもって知ることができた。

伝統への疑問と「STAR ISLAND」の発想

インドに行ったことで失った仕事もあったけれど、流れが変わったことで得たものもたくさんあった。

インドから帰国してすぐ結婚し、第一子を授かった。

それと同時に、いま僕が総合プロデューサーとして手がけている、「STAR ISLAND」も生まれた。

「STAR ISLAND」は「未来型花火エンターテインメント」と銘打って、3Dサウンドやパフォーマンス、音楽の中に入って楽しんでもらうものだ。

「共感覚エンターテインメント」をテーマに、日本の伝統的な花火とテクノロジーやパフォーマンスを融合させたイベントとして2017年からスタート。

2018年の年末には、シンガポール政府観光局と組んで、シンガポールを代表するカウントダウンイベントとして手がけることにもなった。

コンセプトは「ものの見方を変える」だった。

当たり前に考えていた物事も、違った見方をすればこんなふうに変わるんだという「気づきのきっかけ」になってほしいという思いで、さまざまなショーの見方を提案したのだ。

この「STAR ISLAND」も、「ULTRA JAPAN」のときと同様に、数々の産みの苦しみがあった。

そもそも花火自体がリハーサルできないものであるにもかかわらず、屋外の砂浜に設置した数百台のスピーカーの音響と花火を完全にシンクロさせるという前代未聞の取り組みは、胃がえぐられるようなチャレンジだった。

あらゆる音響会社から「規格外」ということで何度も門前払いをくらったし、リハーサルができないため、花火師や行政、チーム一人ひとりに理解してもらうのもとにかく大変で、何度も何度も心が折れそうになった。

その度に、最初に感じた自分自身の直感に立ち戻り、強く信じるということを繰り返す日々が続いた。

また、予定していたパフォーマンスには特別な許可が必要だと本番直前でわかったり、飛ばす予定だったドローンの許可がおりず急遽ヘリを探すことになったりと、想定外のトラブルやアクシデントに遭遇することも多々あった。

いまだ誰も見たことがなく、タイトルに「花火」もつかないこの「STAR ISLAND」という実績のないものを信じてお金を払う人はなかなかおらず、またもやチケットの販売に苦戦した。**1万5000人が入る会場なのに、開催1か月をきっても3000枚しか売れないという事態が起こったのだ。**

「本当にこの選択でよかったのか？」

そんなネガティブなマインドがよぎったこともあった。

しかし、こんな不安な状況こそ「あえて不安を楽しむ」と心に誓うことにした。

その不安を打ち消すかのように「行動は誰にでもできる錬金術」と、自分に言い聞かせ、気持ちを奮い立たせるように、チラシまきからポスター貼りまで、やれることは何でもやった。

その一つひとつの結晶のおかげか、イベント直前で数局からテレビ取材の依頼が入るという奇跡的な出来事が続き、開催3日前にして1万5000枚のチケットがSOLD OUTした。

しかし、それでも不安が完全に消えたわけではなかった。

すでに述べたように、花火というリハーサル不可能なものに付け加え、会場のお台場の砂浜の上に数百台のスピーカーを配置し、3Dサウンドという立体音響でシンクロさせるという取り組みなんて、いまだかつて前例がない。

頭の中では成立しても、これはばっかりはやってみないと誰もわからない。

新しいものをつくるときはいつも、こんな妄想と根拠のない自信をもって突き進むしかないのだけれど、今回ばかりは本当に、胃に何度も穴があくくらい吐きそうな毎日だった。

さらに1週間前に出た本番当日の天気予報は90％雨予報と、追い討ちをかける。「自分を信じるんだ、自分を信じるんだ」としつこいほど言い聞かせ、とにかく最高のシチュエーションだけを想い浮かべ続けた。

すると、奇跡的に前日の夜に雨はピタッとやみ、5月とは思えないほどの夏日となった。それは、自分たちを信じ、最後まであきらめずに一つひとつ行動したことで起きた未来だと思える出来事だった。そして、都会の摩天楼をバックに上がった花火の美しさは、一生忘れられないものとなった。

開催前はいつもこんな感じでトラブルの連続。

そのときは「もう二度とやるものか！」と思うけれど、人々の感動している姿を見ることで、なぜか「もう一度やりたい！」と思ってしまう。非日常をつくるイベントの魔力は計り知れない。

STAR ISLAND

そもそも「STAR ISLAND」の構想のきっかけは、2年目を迎えた「ULTRA JAPAN」で、ある花火師に出会ったことだった。

1年目の「ULTRA JAPAN」を終えたとき、イベントの締め方に物足りなさを感じ、花火を入れたいと思った。そして2年目のフィナーレの際、150年の歴史を誇る花火チームとコラボレーションをすることとなった。

もちろん花火師という仕事は知っていたけれど、直接会って一緒に仕事をする中で、彼らの日本の伝統を重んじ、誇りを持って花火を上げる職人魂に、とても感銘を受けた。

また、花火と若者が一体となってる姿に花火師たちも共鳴してくれ、それがきっかけで、まだ見ぬ可能性を追求し、「いつか必ず新しいカタチで何か一緒にやろう」と約束をしたのだった。

ちょうどその頃、全国的に有名な無料の花火大会が軒並み中止になるというニュースを目にする機会があった。

花火師に聞くと、

「これまでは、新聞社や地元企業などがスポンサーになり運営できたものが、時代も変わり、広告費だけでは警備費もまかなえなくなった。これからは有料イベントでしか残れない」

と、嘆いていた。

その話を聞いて「これまで無料で見られていたものと同じものを有料で見たところで、お客さんは本当に納得するのだろうか？」と違和感を覚えた。

また、同じ時期にさまざまな場所で「伝統を守ろう」という言葉を耳にし、これに対しても違和感を覚えていた。

もちろん、伝統は守ったほうがいいと思う。

しかし、ただやみくもに昔のものを次の世代に伝えるだけが「伝統を守る」

ということなのだろうか？

伝統と言われる所以は、その時代の人がものすごい熱量と情熱をもってクリエイションしてイノベーションを起こしたから。

そして、それを体験した人たちが、全身の毛穴が開くような強烈な体験を後世まで残したいという思いで紡がれ、伝統になったのではないだろうか。

しかし、時間とともに、その時代のイノベーションはいつしか「ただ守るだけ」のものになってしまっているのも否めない。それでは、いまの人たちからしたら、古いものをただ押し付けられているだけになってしまう。

本質的に残していくのであれば、当時と同じような熱量でクリエイションして、イノベーションを起こして、毛穴が開くような体験にしてファンにしないといけないのではないだろうか……。

そのためには、いまある最新のテクノロジーを紡いで、現代風にアップデートする必要があるのでは？

そんな閃きからできあがったものが、花火とテクノロジーを融合させた新しいエンターテインメント「STAR ISLAND」だったのである。

僕はいつも何かアイデアを構想するとき「出会い」＋「ストック」＋「違和感」というこの3つのプロセスを大事にしている。

そしてこの「STAR ISLAND」は、まさにこの3つの要素から生まれた新しいイベントだったと思う。

- **花火師との「出会い」**
- **ULTRA JAPANで培ったノウハウという「ストック」**
- **そして、伝統に対しての「違和感」**

人は生きている中で、さまざまな出会いがあるけれど、その出会いの中で生まれた感覚や意識、思考は自動的に自分にストックされていく。

その中には、違和感を覚える出会いもあるはずだ。

盲目的に目の前の現象を捉えずに、常にものごとを別の角度で見る。そこで違和感というサインを見逃さずに追求していく末に、また新たな発見と出会いがあるのではないか、と思っている。

だからこそ、何かに「違和感」を覚えたときは、ある意味チャンスだ。

その「違和感」は、いずれ何か大きなものに変化すると信じることが大切なんだと思う。

その選択が正解か不正解かなんて、わからない

人は、朝起きたときから寝るまで、日々あらゆることを選択しながら生きている。
「その日に着ていく服や靴、どんな音楽を聴くか、ランチはどこで何を食べるか」といった日常の簡単な選択から、「どこの学校に入学し、どんな職業に就くのか、誰と結婚するのか」という重要な選択もしなければならない。

僕も同じようにさまざまなことを取捨選択してきたけれど、最大の選択は8歳からやっていた芸能界を休業したことと、瀕死の状態で自分の誕生日をプロデュースしようと決めたことかもしれない。

30代を迎え、第二の人生が動きはじめてからは、自分の心が揺さぶられたものを信じて突き進むことを心がけている。

そのために、ひとつの環境で盲目的にならないよう、自然の中に身を置いたり、いつもとは違う環境に行くことで、自分の感覚というものを見失わないようにしている。

そして、取捨選択を迫られたとき、「何を選べば目的に対して最善か」を自分の感覚で知ることが大切なんだと思う。

僕自身のアイデンティティは、ここ15年でめまぐるしく変化していった。俳優、留学生、病人、映画監督、プロデューサー、クリエイターなど、狙っていたわけではないのに、その一瞬一瞬の出会いやアクションを取捨選択した結果、これらのアイデンティティを渡り歩くことになっていた。

どの時代を切り取っても、僕という人間をつくるうえで必要なアイデンティティであったし、人生というストーリーを俯瞰してみても、そのすべてが僕という物語をより豊かにしてくれる一部になっている。

いまもすでにそうなってきているが、これからの未来は、いろいろな価値観が網の目のように変化していく時代だ。

子どもの頃に憧れていた職業が大人になったらなくなる可能性もあるし、はたまた、まだ見ぬ新しい職業だってどんどん生まれてくる。

だからこそ、旅先の出会いひとつで行く先が変化していくような感覚をもち、そのときに感じたことを素直に選択していく。

選択したことが正解か不正解かなんて、わからない。

そのもの自体に意味づけするのは自分なわけだし、そのとき選んだ感覚を信じて突き進めば、必ずまだ見ぬ景色にたどり着けると思っている。

一寸先は光。困難や抜け出せない闇を感じたときこそ、じつは次のステージに連れていってくれる光は、すぐ目の前にあったりするものなんだ。

全人類クリエイターへ

日本では「クリエイター」という言葉が、デザイナーやミュージシャン、映画監督などの意味合いだけで捉えられがちだ。だから「自分はクリエイティブでない」と思い、創造することをストップしてしまっている人が多くいる。

しかし、「クリエイティブ＝創造」であり、仕事や日常の出来事で、自分なりの「想像」を「創造」に変化させることは誰でもできることだと思う。

僕は、何かすごいことをつくり出す人のことだけをクリエイターとは思っていないし、どんな職業であれ、お金を稼ぐこと自体もクリエイトだ。

それこそ、子どもを産み育てることなんて、この宇宙で何よりも美しいクリエイティブなことだと思っている。

そもそも人は、毎日、常に何かを考え、創造しながら生きている。料理をすることも、絵を描くことも写真を撮ることもすべてクリエイションだ。

これからはじまるＡＩ時代において、人が受動的にやっていたものはすべてコンピューターにかわり、人間の能力を超えてしまうシンギュラリティが起こるといわれている。そんな世界で、人はいま以上に能動的にクリエイティブになる必要性があると思う。

人間の想像力や可能性は無限だ。勝ち負けではないけれど、人間はAIだってつくるのだから、それ以上を創造することだって不可能ではないと思う。

「こんなものがあったら楽しい」とか「こんなことができたらいいな」という「想像」を「創造」に変え、全人類がこの世をよりよくするための愛のあるクリエイターになってほしいと、切に願っている。

OND

セカンドIDを
もって、本当の
自分とつながる

SEC

Chapter 5

「中道」〜極を知り、中に気づく〜

前にも少し触れたけれど、僕は仏教の教えのひとつである「中道」という考えを大切にしている。

この言葉はシンプルに解釈すると、「両極を知るからこそ真ん中の本質を知れる」という意味だ。**自分の中の常識と、それとは対極にある世界を知ることで、本当の自分の中心が見えてくるという真理である。**

身近な例でいうと、個人のコミュニティであるFacebookやTwitterなどのSNSは、あるひとつの「極」だと思う。ここが唯一の世界であると錯覚を起こし、「この意見が正しい」「これが間違っている」などと、それぞれの持論を展開しがちだ。

しかし、これも知らず知らずのうちにコミュニティだけで形成されていってしまっている小さな価値観にすぎない。

日本で大騒ぎしているニュースや出来事は、地球の反対側の国では誰も話題にはしていない。当たり前と言えば当たり前だけど、日本で生活し、見聞きしていることで、日本が世界の中心だと僕たちは勘違いしてしまうことがある。

同じように、生まれたての赤ちゃんにとっては、目の前にいる両親と頭上に見える天井だけが自分の「極」だ。

やがて、幼稚園や保育園で出会う友達がもうひとつの「極」になり、社会に出れば上司や同僚が、世界を旅すれば日本と外国が、対極になっていく。

それを知らず自分の世界が常識だと思っていると、違う世界に触れたとき、自分が形成した世界がまったく通用しないことに、そこで初めて気づく。

だからこそ、普段から自分の考えや環境とはまったく反対側の世界を体験したり、想像したりすることが大切なんだ。

だからといって、日本の裏側の地へ旅をしろとか、そんな難しいことを言いたいわけではない。

いままで自分が苦手だと思った人に思い切って話しかけてみたり、しばらく会っていなかった両親に連絡したり、そんな一見小さく身近な旅でも、ある意味「極」を知るきっかけになると思う。

そうやって、できる範囲でいいから、自分の中の小さな旅をしてみることで、いままで気づかなかった自分の価値観に気づくことができるんだ。

そのためには、自分が常識だと信じていることをあえて疑ってみたり、また、いつもとは真逆の方向へ飛び込んでみるでもいい。

そうやって、ひとつの極に留まらずに、両極を知るということに意識を向けていれば、必ずいままで出会ったことがない自分に出会える可能性が大きく広がると思う。

「Have to」から「Want to」へ

「家族を養うために働かなければならない」

「いい大学に合格するために勉強しなければならない」

情報ばかりが優先してしまう社会では、どうしても未来からの逆算をして、このHave to（～しなければいけない）という状況に多々あってしまう。

もちろん、それがすべて間違いだとは思っていない。

過去の僕も、何かをしたいというWant toの感情よりも、目の前の現状を言い訳にしては、Have toの状況を自らつくりだしてしまっていた。

しかし、自分が子どもだった頃はどうだろうか？　見るもの触れるものすべてにワクワクし、後先なんて考えず、なんでもチャレンジできたはずだ。

本来、人は誰でも子どものようにワクワクして人生を創っていくことができるはずなのに、大人になり、いつしかその感覚を忘れてしまっていく。

映画を観たり本を読んだり、ライブやイベントに足を運ぶこと自体、普段できない「感動」＝「自分の知らない感情」に出会いたいと、心のどこかで望んでいるからではないだろうか？

そんな「何かを楽しみたい」というきっかけから、気づきにつながることがあると思うんだ。

僕はまだ「人生の答え」なんておこがましくて教えられないけれど、無意識の感情に出会えるような場をつくって、多くの人が自らのWant toに気づくきっかけづくりをしたいと思っている。

かつて俳優を休業し、まさに自分探しをしていた中で出会ったさまざまなイベントという場。そこで自分の知らない、あるいは自分が封印していた感情に出会ったときに、固定観念がはずれ、自分の内からあふれ出てくる感情からWant toが生まれていった。

そのWant to――つまり「したい！」という小さな思いこそが、本当の自分の人生が動き出すきっかけになるのではないだろうか。

きっかけは何だっていい。

心からあふれ出てくるWant toに出会えば、人生がもっとイキイキしてくるだろう。

エンターテインメントとは、そんなきっかけづくりの翻訳機能だと思うし、全人類がHave toからWant toの意識へと変化することができたら、僕らの未来はとんでもなく素晴らしいものに変わると本気で信じている。

２０１7年1月18日、我が家に第一子が誕生した。

「子どもをつくることは、この宇宙で一番のクリエイティブなことだ」と先輩に言われていたけれど、実際はそれ以上に美しく、息子の成長は僕の心に変化を与えてくれる。

そのことで現実の仕事も変化していった。

イベントのような、たった1日の儚さもいいけれど、カタチに残る場をつくりたいと思い、キッズパークや公園のプロデュースもはじめた。

息子が大きくなったとき、どんな未来になっているんだろう？

そして、僕らの未来ってどうなるんだろう？

父親というアイデンティティを得てから、そんなことを考えては、息子から学び、もうひとつの人生をつくりはじめている。


思えば20世紀は物質文明と言われ、モノがあふれていれば豊かだと思われていた時代だった。そして、21世紀がはじまり、テクノロジーによって世界中の情報とつながれた。

しかし、情報が氾濫しすぎるこの世界はどこか余白もなく、面白みに欠ける。

このまま情報が先行し、テクノロジーが進化していくだけの未来が、本当に僕らの未来なのだろうか？


人は誰もが無限の可能性をもち、それぞれの宇宙をつくる権利をもっている。

いま見える未来のカタチだけではなく、まだ見ぬ未来は僕ら一人ひとりの心

でつくっていける。

僕は、そんな本当の未来の定義をみんなで意見し合えるような場をつくりたいと考えている。子どものように、後先も考えない、ただただワクワクした未来にまっすぐに向かっていけるような、そんな場を。

自分がよく知る仲間だけでは、起こすことができなかった未来を、この本を手にとってくれたあなたと創造できたら、なんて素晴らしいことだろう。

何度もいうように、昨今はＳＮＳで世界とつながれたことで、これまでにない独創的なコミュニティが数多く生まれてきている。**誰もがそのコミュニティの中心となって、新しい自分探しをできる時代に突入している。**

会社ではチャレンジできなかったことも、いままで出会わなかった才能と出会うことで実現できてしまうことだってあると思う。

共通の志をもつ人と融合することによって、新しいものが生まれ、また未知なる可能性に気づくことで「あれ、自分ってこんな才能があったんだ」と感じることもあるだろう。

これまでの社会の常識を超え、そんなコミュニティからどんどん世界を変えるものが生まれてくるのだと思う。そのために大切なのは、まだ見ぬもうひとつのＩＤに出会うことだと僕は信じている。

セカンドＩＤ

僕自身、普通の少年が突然俳優になったり、人生のどん底へ落ちたり、クリエイターや会社の社長になったり、本当に安定のないデコボコの人生を歩んできた。その度にさまざまなコミュニティを通して、新しい自分に出会ってきた。

しかし、同調圧力の中で育ち、自分の本来のアイデンティティもわからないまま大人になった人たちは、本当に自分の人生を歩めているのだろうか？

自分の経験を通して思うのは、さまざまな職業を経験したことで、自分が心からやりたいと思うことに少しずつ出会うことができたということだ。

別に、いくつも仕事をもったほうがいいと言いたいわけではない。

僕自身も自分の誕生日をイベント化したことで、イベントプロデューサーという職業に出会えた。好きなテレビを観にいきたい！　と思ってテレビ番組にハガキを送ったことで俳優というアイデンティティをもつことができた。

だからこそ、感じたら行動してみるんだ。

普段いるコミュニティとは違うコミュニティに属してみたり、またどんな小さなことでも、いつもとは違うことやワクワクしたことにチャレンジしてみることで、新しい自分のアイデンティティに気づけることがあると思う。
そこで見つけた新しい自分こそが、「セカンドＩＤ」なんだ。

医者である傍ら、ユーチューバーになってもいい。
ＯＬをする傍ら、心理カウンセラーになってもいい。
主婦である傍ら、画家になったっていい。

そんなふうにセカンドＩＤをもつことによって、まだ見ぬ自分自身の可能性に出会えたり、未来の職業が生まれてくる。そうして、いまある世界がよりよく変わってくるのではないかと思うんだ。

あとがき

最後までお読みいただき、ありがとうございました。


正直、本書を出すまで、ものすごい葛藤がありました。

僕の本なんて読む人がいるのか？

まだ人生の再スタートをきったばかりで、中途半端じゃないか？

実際に、これまでにさまざまな出版社の方にもお声がけいただきましたし、そのたびに何度も考えたのですが、なかなか踏ん切りがつきませんでした。


本の内容に関しても、どんな内容だったら読者の方々に伝わるのか、悩みに悩んで、試行錯誤しました。

たくさん悩んだ末、こう思いました。

「僕は経済学者でもなければ、時代を切り取って語る有識者でもない。等身大のまま、自分の体験をもとにそのまま伝えよう。そのほうが、読んでいただいた方が、それぞれの人生に重ね合わせやすいかもしれない」

仮にひとりでも、この本がきっかけで「本当の自分」に出会うことができたら……という想いで本書を執筆するに至りました。

人は「ひとつの命」「ひとつの人生」しかないと、どうしても思いがちですが、それぞれの人生は無限の可能性があって、もっと美しいものです。

僕自身もそうでしたが、抜け出せない闇の中にいたときは、数年後にこんな未来が待っているなんて思ってもみなかったですし、まさか自分がいまこうして本を書いているなんて、夢にも思いませんでした。

これは僕が特別だからではありません。起きた出来事の見方を少し変えたり、いつもと違う「場」を選ぶというほんのちょっとの勇気、たったそれだけで新しい自分の可能性に出会えるということをお伝えしたかったのです。

僕は、27歳で俳優を休業して海外へ行くまでは、日本のことがあまり好きではありませんでした。そして、まわりを気にして本当の自分を出せずにいる、その自分自身が好きではありませんでした。

その後、世界中でさまざまな文化、さまざまな景色に触れているうちに、その相手のことまで深く感じることができる「日本の心」が、少し好きになってきました。

いつどこにいても情報に囲まれているこの時代、ちょっと息苦しさを感じるのも確かです。

でも少し見方を変えれば、世界のどこかに自分に共感してくれる人が必ずいる、そう自分を信じていい時代ともいえます。

これからは、いよいよ本質の「心」の時代だと思っています。

そこで世界を牽引できるのは、相手の心を感じられる、われわれ日本人ではないかと思っています。

そのためにまだ眠っている、もしくは閉ざしてしまったもうひとりの自分、セカンドＩＤに出会って、あなたにしか描けない物語をつくってほしいと願っています。

Special Thanks

Tetsu Charles Kawamoto
Mayumi Yamamoto
安田 有希
今住 勝城
神崎 万友美
廣瀬 カナエ
松坂 隆
shuichi otsu
馬場 貴光
kozee(SASARU)
クライミングジムSPIDER
本間 健太郎
佐藤 正則
速水 昌未
河北 有一
山口 恵子
染谷 英輝
海鋒 嗣美
濱本 隆太
児島 響
高梨 美佳
和田 智
飛鷹 全法
Yume.Shindo
小林 桃子
小柴 恵一
竹尾 大輔
和泉 英幸
久志 尚太郎(びんちゃん)
飯塚 裕司
大内 優
向井 雅代
藤原 恭子
権藤 優希
飯岡 健人
有川 貴士
吉田 奈央
大岡 啓之
朝香 豊
石井 元
自愛力styleレイコ
櫻井 ミナ
齋藤 貴彦
小柴 佑介
浦地 純也
岡崎 かつひろ
安江 一勢
しばた みか
岩本 好史
落合 翔平
角張 拓美

著者プロフィール

小橋賢児（こはし・けんじ）

LeaR株式会社代表取締役。クリエイティブディレクター。

1979年、東京都生まれ。1988年に俳優としてデビューし、NHK朝の連続テレビ小説「ちゅらさん」など、数多くの人気ドラマに出演。2007年に芸能活動を休止。世界中を旅しながらインスパイアを受け、映画やイベント制作を始める。2012年、長編映画「DON'T STOP！」で映画監督デビュー。同映画がSKIPシティ国際Dシネマ映画祭にてSKIPシティアワードとSKIPシティDシネマプロジェクトをダブル受賞。また「ULTRA JAPAN」のクリエイティブ・ディレクターや「STAR ISLAND」の総合プロデューサーを歴任する。「STAR ISLAND」はシンガポール政府観光局後援のもと、シンガポールの国を代表するカウントダウンイベントとなった。

東京オリンピック・パラリンピック競技大会組織委員会主催の「東京2020 NIPPONフェスティバル」のクリエイティブディレクターにも就任。さらにキッズパーク「PuChu！」をプロデュースするなど、世界規模のイベントや都市開発などの企画運営にも携わる。

セカンドID―「本当の自分」に出会う、これからの時代の生き方

2019年6月1日　第1刷発行
2019年6月10日　第2刷発行

著　者　小橋賢児

発行人　櫻井秀勲
発行所　きずな出版
東京都新宿区白銀町1-13　〒162-0816
電話03-3260-0391　振替00160-2-633551
http://www.kizuna-pub.jp/

編集協力　加藤道子・安田ナナ
ブックデザイン　池上幸一
カバー写真　Tadayuki Uemura
印刷・製本　モリモト印刷

ISBN978-4-86663-077-9

きずな出版